物品管理法講義

前田　努　編

一般財団法人 大蔵財務協会

はしがき

物品管理法は、昭和三十一年に制定され、その後、今日まで、物品管理事務の簡素化を図る観点から数次の改正が行われてきているところであるが、物品の管理に関する基本事項を定め、物品の適正かつ効率的な供用その他の良好な管理を行うことを目的とする物品管理法の趣旨は少しも変わっていない。むしろ、一層の物品の効率的供用、管理を徹底する必要が高まっているところであると考えられる。

このような観点から、物品の管理事務を行うにあたって、物品の管理の精神をよく理解することが大切である。

本書は、青木孝徳編「物品管理法講義」を土台にし、今回有志が休日等を利用して、その後の法令改正の内容を補筆し、新たに刊行したものである。

本書が、広く全国の官公署の会計職員の方々の参考書として活用され、国の財政会計の適正な運営にいくらかでも貢献できれば幸いである。

なお、本書中に意見にわたるものがあれば、それは、執筆者個人の見解であることを付言しておきたい。

令和二年七月

編　者　識

目次

第六章　調　整

付　録

第一章　総　　説

第一節　物品管理法の制定及びその基本的構想

国の財産管理作用を規律する法規は、財政法を基本法とし、規律の対象となる客体の態様に応じて、会計法、国有財産法、債権管理法及び物品管理法の四法が定められており、極めて整然とした体系を備えている。会計法は、主として金銭の収入及び支出について規律している。国有財産法は、主たる対象として不動産を取り扱っており、特定の動産及び無体財産権等にもその規律が及んでいる。債権管理法は、金銭給付債権の管理について規律するものである。物品管理法は、上記三法に覆われていない残された分野たる動産一般について規律するものである。

これらの財産管理法規のうち、会計法及び国有財産法は、戦後間もなく整備され、数次の改正も重ねて、早くから制度的に整った高い水準に到達していたが、債権管理法及び物品管理法は、昭和三十一年に到って、漸く整備をみたものである。

一般的制度が整備されていなかった債権の管理についての点はともかくとして、物品の管理に関する規定は、現在の物品管理法が制定されるまでは、物品会計規則（明治二二年勅令第八四号）が唯一のよりどころとなっていた。

しかしながら、この物品会計規則は、法律でなく命令（勅令）であったほか、その内容として、

①管理対象の範囲が必ずしも明確でない。

②物品を管理する機関が不備である。

③契約管理の機能と物品管理の機能が明確に分離されていない。

④物品管理の運用原則が当をえておらず、制度として欠けるところが多い。

というような種々の欠陥を蔵していた。

物品管理法は、このような物品会計規則の問題点の解決が緊急に迫られたことから、昭和三十一年に立法され、第二十四回国会でその成立をみ、昭和三十一年五月二十二日に公布し、昭和三十二年一月十日から施行されたのである。この新しく制定された物品管理法は、いかなる理念に支えられ、いかなる基本構想の下にでき上ったものであろうか。物品管理法は、物品会計規則の欠陥を意識反省し、それを克服することを意図してできたものであるから、物品会計規則の問題点をすべて解消することが基本構想であったということができようが、別の角度から眺めてみると、それは大きく分けて、第一に物品に対する目的の賦与と効率的供用中心主義の確立、第二に物品管理機関の体系的整備、第三に物品管理に関する責任の合理化という三本の柱に分けることができる。

一　物品に対する目的の賦与と効率的供用中心主義の確立

国には固有というか、国としての本質的な事務事業がある。物品の存在意義は、立法、司法及び行政の三分野における各種の国の事務事業の目的に最もよくその効用を充当し、円滑に国の活動を行わしめることにある。いわば、

物品は国の事務事業の目的達成のための財的手段なのである。したがって、物品の物としての用途には、その物品が仕えるべき国の活動目的が同時に考慮されるべきであり、国固有の活動目的が物品の用途に反映してはじめて、適正かつ効率的な管理の結果を求めることが可能となるのである。このように、国の活動に対応して適正効率的に物品の効用を発揮せしむべきであるという考え方に立つ以上、物品の存在意義は、物品自体が内在的にその用途を持っているという点にあるのではなく、常に外在的に一定の目的が付着されている状態にあるという点に存する。しからば、物品の使用又は処分の目的は何れに求むべきであろうか。国の事務又は事業の運営は、常に予算の形式に集約されるものであることを考えるなら、また、物品の大部分が予算の使用によって取得されるものであることを考えるなら、予算において示されている目的がこれに係る物品に反映すべきものと理解することが最も早途であり、合理的具体的でもあろう。もっとも、予算の性格として、年度独立、単年度主義の原則があるため、予算に計上された金銭はその年度において費消し尽くされることが前提となっているのに対し、物品自体の性質は、継続的存在としてその効用を発揮すべきものであり、必ずしも単年度内に費消し尽くされるものとは限らない。したがって、物品の供用又は処分の目的をこれに係る予算の目的に求めるとしても、そこには当然何等かの修正が必要となってくる。

以上のようにして物品管理の目的的使用規制が考えられるのであるが、これを現実に実現するための手段として、物品管理法は、分類の制度を定め、その分類の示すところに従って物品が供用又は処分されなければならないことを原則としている。かくのごとく、物品の供用又は処分の目的が、常にその物品の動きを制約し、秩序づけるものとなり、ここに、従来の静的な物品の出納管理のみがあった状態から、動的な物品の供用処分が中心とされる状態に大きく転換していることがみられるのである。言葉を換えれば、物品の出納保管は、物品の適正かつ効率的な供用及び処分に従属し、奉仕するものとして考えられることになったのである。

物品における目的が分類という方法によって確立された上は、その目的がいかに計画的に達成され、効率的な管理運営を可能ならしめるかを検討すべきこととなる。かかる要請に対し、物品管理法は、当初、各省各庁の長における需給計画及び物品管理官における運用計画の制度を採用したが、昭和四十年の改正により、これに代えて、物品管理官が物品の管理に関する計画を定め、この計画に従って物品の管理を行なうこととする制度を導入した。

以上、物品管理法の基本構想の第一として、物品に対する目的の賦与と効率的供用中心主義の確立について述べたのであるが、これは、結局、規定上は、分類と計画という二本の支柱に要約される。この分類及び計画を基礎として、物品管理法においては、管理の全過程、すなわち、物品の取得、保管、供用及び処分の各段階に応じて、これらを規制する原則及び手続を設けている。

二　物品管理機関の体系的整備

物品会計規則においては、物品の出納保管を掌る機関たる物品会計官吏のみが法令上その地位を明らかにされているのみであって、物品の流れを統制するその他の機関は、現実に機能していたにかかわらず、その地位は法令上不明確であった。また、物品に関連する他の会計機関（例えば、契約担当官等）その他の国の機関と物品管理機関とがいかなる関連をもって、いかに権限を分配されて物品の動きによる国の活動目的を達成しなければならないかということも、極めて不明確であった。物品も、現金や国有財産と同様に、国の財産形態の一を形成するものであり、これら相互の間に流動あるいは転換が生ずることは当然であるが、この流動等を有機的に規制し、各々の関連の在り方を統一する原則が明らかではなかったのである。ここにおいて、物品管理法は、物品の管理運用に関する総合的な専担機関を確立することとし、物品管理官を中心とする物品管理機関の体系的整備を図ったのである。

物品管理機関としては、財務大臣が総括機関となり、各省各庁の長がその省庁に属する物品の最高の責任機関になることとされている。各省各庁の長の下に物品の管理事務を行う物品管理官、物品の出納保管事務を行う物品出納官及び物品の供用事務を行う物品供用官を設けている。これら各機関は、金銭会計機関とほぼ同様の体系を構成しており、相互間の職能及び責任の関係も整然としている。

三　物品管理に関する責任の合理化

物品管理法は、物品管理機関の整備及び確立に応じて、物品管理に関する責任をも、合理化かつ明確化した。すなわち、同法は、物品管理官、物品出納官及び物品供用官（昭和四十年の改正により、これらの者の補助者も加えられた。）に等しく弁償責任を課することとするとともに、これらの機関が弁償責任を負う場合を故意又は重大な過失があった場合に限ることとした。さらに、同法は、物品使用職員の責任についても規定を設け、物品使用職員がその使用に係る物品を故意又は重大な過失により亡失、損傷したときは、弁償責任を課することとした。

（参考）

物品会計規則について、今日その詳細を知悉する必要はないが、その欠陥を分析することは、現行の物品管理法の理念を理解することに資するものと思われるので、参考までに同法制定時における旧規則の問題点の詳細を説明すれば次のとおりである。

まず第一に、管理対象の範囲が必ずしも明確でなかった。

物品会計規則第一条第一項で物品を定義して「此ノ規則ニ於テ物品ト称スルハ政府ニ属スル器具器械備品消耗品動物其ノ他一切ノ動産ヲ云フ……」と言っているが、これでは物品の種類を例示しているという意味があるのみであって、結局は、動産はすべて物品であるといっているのに過ぎない。したがって、会計法の対象である金銭、国有財産法の対象である船舶、航空機等の動産については、動産であるが故に直ちに物品会計規則の対象となるのか、会計法なり、国有財産法が物品会計規則に優先して適用されるのか、また、それぞれが各々別個の角度から重複して適用になるのか、こういった点が必ずしも明確でなかった。

さらに、物品会計規則は、国の所有する動産を中心に考えていたため、国に所有権はないが、借り上げるとか寄託を受ける等の原因によって国の占有下に置かれている動産、いわゆる保管動産については、確固たる準則を示していなかった。物品会計規則第一条第二項では、「政府ノ保管ニ属スル物品ニシテ各省大臣ニ於テ特ニ指定スルモノハ本規則ヲ準用ス此ノ場合ニ於テハ各省大臣ヨリ会計検査院ヘ通知スヘシ」とあって、物品会計規則が準用されるか否かは全く各省大臣の判断に委ねられていた。物品をしていかに最大の効用を発揮させるかという観点からすれば、管理上の基準は、所有物品であろうと保管物品であろうと共通であり、所有権の有無によって取扱いを異にするような考え方は、物品に対する認識において近代性を欠くものといわなければならない。

第二に、物品を管理する機関が不備であった。

物品会計規則下における命令機関として物品出納命令官が設けられていたが、この物品出納命令官は、同規則第六条の「物品会計官吏又ハ物品出納員ハ各省大臣ノ定メタル規程ニ拠リタル命令アルニアラサレハ物品ヲ出納スルコトヲ得ス」との規定に基づき、物品会計官吏の物品の出納について命令をする機関として極めて重要な地位を有せしめられていたにもかかわらず、その設置は、各省大臣の定める内部規程に委ねられていた。このような取扱いは、執行機関たる物品会計官吏が会計法第三十八条以下の諸規定及び物品会計規則第四条の規定「物品ヲ保管シ之カ出納ヲ掌ル者ヲ物品会計官吏トス」に根拠を有する法律上の機関であったことに比べ、著しく権衡を失するものであったといえよう。

物品出納命令官と物品会計官吏について法令上の設置根拠が不均衡であったことは、両者の弁償責任関係についても反映され、物品会計官吏が会計法上の弁償責任を課されていたにもかかわらず、実質的に物品をいかに運用するかを判断し、命令を下す一層重要な地位にある物品出納命令官についての弁償責任は明らかでなかった。

さらに、物品取扱主任、物品保管主任又は物品管理主任と称せられる物品の使用者と直接接触する機関は、設置についても物品出納命令官と同じく各省大臣の定める内部規程に根拠を有するに過ぎず、その性格も物品会計機関であるのか、物品の使用者の代表であるのか判然としなかった。

第三に、これも一面管理組織の不備の問題であるが、契約管理の機能と物品管理の機能が明確に分離されてなかった。物品会計規則の下においては、物品の調達又は処分を実質的に左右する立場にある者は、契約等担当職員であるのか、あるいは物品会計官吏であるのか、それとも物品出納命令官であるのか、そのいずれとも決定しがたい状況にあった。契約等担当職員は、物品の管理運用上の実質的な判断をした上で契約等の行為をする者であるのか、それとも単なる手続を取り扱うのに過ぎないのか、その性格は何れとも明示されていなかった。実態からすれば、契約等担当職員が物品の供用又は処分の必要性をみずから判断して契約を締結していたのが大部分であったろう。この結果、物品管理機関にとって、物品はいわば与えられたものとして存在し、物品をいかに調達し、いかに運用していくかについて独自の判断を下す余地はなく、その職能は機械的な出納保管を担当することに限定されざるをえなかった。しかしながら、国の物品は、その目的に応じて、必要な時期に効率的に調達し、処分されなければならず、そのためには、物品管理の全過程について一元的な視野の下に管理運用が図られなければならない。したがって、調達又は処分の判断は、契約等を担当する職員の本来なしうべきところではなく、またなすことは妥当でない性質のものである。にもかかわらず、いわば契約管理と物品管理の機能が未分離のままであった点に、物品管理上の不当事項の発生する原因があったということができよう。

第四に、物品管理の運用原則が当を得ておらず、制度として欠けるところが多かった。

物品会計規則下における物品を管理する基本的な原則は、保管出納を厳重にするいわば静態的保管中心主義であり、いかに効率的に物品の運用を図るかというい わば動態的供用にはその力点が置かれていなかった。すなわち金銭は予算によってその使用の目的が厳格に定められており、物品の大部分はその金銭によって取得されるにもかかわらず、物品には、その供用又は処分の目的をこれに付与して、この目的に従ってその管理を行うという制度が法令上確立されていなかった。予算の目的は、金銭が物品に姿を変ずることによって、見失われてしまうことになっていたわけである。さらに、物品会計規則には、物品の管理を計画的に行って、その効用を最大限度に発揮させるための制度的な担保も、存在していなかった。つまり、「分類」の制度も、「計画」の制度も、法令上はなかったのである。

要するに、物品会計規則においては、いかに物品をその本来の目的に従って役に立つように運用するかということよりも、いかにその不正亡失を防ぐかということの方が、はるかに重視されていたのである。前述の物品管理機関として法定されていたのが出納保管をつかさどる物品会計官吏だけであったということも、その現れである。

以上物品会計規則の物品管理上不備の点を指摘したが、かつての国家活動、すなわち国民の生活に国家はなるべく干渉しない。できるだけ自由な発展に委せるということが国のあり方とされた時代においては、国の動産の量も限られておりその移動も活発でなく、したがって保管出納を中心にした考え方も、あながち不適当なものではなかったかもしれない。しかしながら、今や国家は進んで国民生活に立ち入って指導し、私人間の問題を調整する等多面的な活動を行うものとされている。いわゆる福祉国家としての国の活動は日とともに膨大かつ複雑なものとなり、その目的達成のための手段たる物品の量と額の大きさ、またその移動の複雑さは到底昔日の比ではなくなってきている。このような実態に対して、物品会計規則が旧態依然たる内容のままで物品の管理について適正に規制しうるかといえば、結論はおのずから明白である。ここにおいて、新しい時代の要請に応える新しい法体系の出現が期待されたのである。

第二節　物品管理法の性格

物品管理法の性格は、次のような四つの特色に分けて説明できよう。

⑴　**物品管理法は、国の内部における会計法規である。**

会計法規といっても種々のものがあるが、物品管理法は、物品の管理に関する会計法規としての公法的手続法である。その目的は、公的財産を公正に管理することにあり、間接的には国民の権利義務に関連するが、直接的には、内部における管理作用が適正に行われることを確保すれば足りるということができよう。したがって、必ずしも法律という国会の議決を経た形式により規制されなければならないという必然性は本質的には存しない。にもかかわらず、物品管理法を制定したのは、形式的には、本書の冒頭に述べたように、会計法及び国有財産法との法形式上のバランスをとろうとする考慮があったからであるが、実質的には、物品管理は広く政府部内全般にわたる重要な問題であり、会計職員のみならず公務員全般にその趣旨を深く認識させる必要があったからであり、また、会計職員の弁償責任の規定を可能ならしめるには法律とすることが必要である、という法理論上の要請があったからである。

(2)　物品管理法は、公法、行政法である。

(1)で述べたように、物品管理法は国の内部関係を規律する手続法規である。このような意味で、物品管理法は、私人間の関係を規律するものではなく、いわゆる公法に属し、しかも、本質的に内部に対する物品管理事務の組織化及び秩序化のための訓令的性質を有する法規範である。ここで注意を要するのは、物品管理法は、国の財務行政作用を規律するという意味において行政法であるということである。すなわち、国の活動には、いわゆる三権分立として、立法、司法及び行政の各作用の分野があるが、これらの作用を行うのにそれぞれ必要な財的手段たる物品を提供するところの作用は、財務作用ともいうべきものであり、仮にこれが立法機関又は司法機関の手により行われても、その作用の実質は行政作用の性格をもつものである。この故に、財務大臣が、衆参両院議長、最高裁判所長官を含む各省各庁の長に対し、物品管理の総括機関として作用する機能が認められるのである。

(3)　物品管理法は、物品の管理に関する法規である。

管理という語は、私法上通常は、処分という語に対立する観念として用いられ、「財産を保管してその経済上の用途に適せしめる行為という」とされている。保管行為であるから、処分し得ないのはもちろん、滅失毀損することも許されない。また、財産をその経済上の用途に適せしめる行為であるから、財産の性質を変えない範囲においての利用、改良行為でなければならない。

しかるに、本法における「管理」の語の意味は、前記の通常の意味より遙かに広く、法第一条に明示されているように、物の移転、消滅を伴う取得、処分をも含むものとして用いられている。包括的な一体として財産を観念する場合、かかる定義が有用であることは認められるが、一面、法技術上の便宜的な用語法であるともいえよう。

(4) **物品管理法は、物品の管理に関する一般法、基本法である。**

物品管理法は、国の物品一般について適用されるものであり、一般法であるということができる。しかしながら、通常の場合一般法と特別法が並存する場合は特別法優先の原則が働くのであるが、物品管理法の場合は、物品管理法に対するその他の物品の管理に関する法令の関係は、むしろ例外規定ないしは補充規定という立場にある。したがって、物品管理法は、単に物品の管理に関する一般法というより、基本法、原則法という性格が認められる。法第六条に「物品の管理については、他の法律又はこれに基く命令に特別の定がある場合を除くほか、この法律の定めるところによる」とあって、そのことを明らかにしている。このように、他法令の適用を認めるか否かを明文をもって規定している点は、基本法たる性格を示すものである。

例外的適用が認められる特別の定めの要件は、まず、「物品の管理について」の定めでなければならない。形式的な条文の区分にかかわらないが、対象としている実体的内容が競合する性質のものであることが要件である。したがって、物品管理法が規定している内容と全く無関係な事項にかかる内容については、そもそも、特別の定めであるか否かという問題は生じない。例えば、国の所有に属する自動車等の交換に関する法律（昭和二九年法律第一〇九号）及び物品の無償貸付及び譲与等に関する法律（昭和二二年法律第二二九号）は、何れも財政法第九条第一項を受けた法律であり、財政法第九条第二項を受けた物品管理法とは別の分野につき規定するところの法律であるから、ここにいう他の法律には該当しない。また、物品の管理以外の事項、例えば、物品の規格、名称、単位を定めるがごときも、物品管理法との関係では自由である。

次に、その特別の定めは、「他の法律又はこれに基く命令」という形式によるものでなければならない。法律については説明を要しないが、法律に基づく命令とは、ここでは、委任命令の性格を有するものに限られると解する。したがって、根拠となる法律の存しない命令、又は根拠法律はあるが委任によらない実施命令は、物品管理法の適用を排除するものではない。

前記の要件を基準にして、物品管理法上の特別の定めと考えられるものは、警察法、破壊活動防止法、刑事訴訟法、少年法、刑事収容施設及び被収容者等の処遇に関する法律、少年院法、供託法、国税徴収法、道路法、文化財保護法等多数存在する。これらの特別の定めに規定される限りにおいては、その規定が物品管理法に優先して適用されるが、規定のない部分については、国の物品である限り、当然基本法、一般法としての物品管理法が適用されることになる。

第三節　物品管理法の施行と改正

物品管理法は、同法施行令、同法施行規則とともに、昭和三十二年一月十日から施行された。一部の関係職員からは、「本法は、いたずらに無用煩瑣な規制を強いるものであり、実情に即さない。物品の管理は、従来の物品会計規則でも間に合うはずである」との声があったが、時間がたつにつれて、規定の運用は次第に軌道に乗り、物品の管理に関して会計検査院が指摘する不当事項の件数及び金額も、法施行前に比べて激減した。法の意図したところは、おおむね良好に実現されてきたと考えられる。

しかしながら、年月の経過は、一面において、法施行後の管理の実情が教えるところによって、なお規定を合理化し、実効性のあるものとするべき必要性を次第に明らかにしてきた。また、法の運用についてルールが確立したため廃止し又は簡素化して差し支えないとみられるにいたった制度や規定も散見されるようになってきた。

このような事情のもとに、また、臨時行政調査会の答申の趣旨にものっとり、物品管理法の一部を改正する法律案が昭和四十年二月に第四十八回国会に提出された。この改正案は、原案どおり国会を通過、昭和四十年四月一日法律第四十一号として公布され、即日施行されることになった。これに合わせて、物品管理法施行令の一部を改正する政令（昭和四〇年四月一日政令第一一〇号）、物品管理法施行規則の一部を改正する省令（昭和四〇年四月一日大蔵省令第一九号）も、同日から施行された。物品管理法について、その実質的な改正が行われたのはこれが初めてである（これ以前には地方自治法の改正に伴う形式的な規定の整理が行われた程度である。）。

便宜上、ここで、この昭和四十年の改正の主な点の概要をまとめて掲げておく（詳細は、以下の説明の各部分で触れる。）。これを事項別に区分すると⑴物品管理機関に関する事項、⑵計画に関する事項、⑶大蔵大臣への協議に関する事項、⑷報告に関する事項、⑸会計検査院との関係に関する事項、⑹その他の事項ということになる。

⑴　各省各庁における物品の統轄管理機関である各省各庁の長の権限の一部（分類換の命令及び承認、管理換の命令及び承認、不用決定の承認、弁償の命令、物品管理官の設置の権限）を外局の長、地方支分部局の長等に委任して行使させることができることとし、管理事務の実効性と迅速性を高めることとした。次に、従来必置の機関とされていた物品出納官を、合理的な理由のある場合には置かなくてもよいこととする途を開き、事務の簡素化を図った。さらに、物品管理機関の補助者について従来不備であった責任制度を整備し、物品管理機関及び使用職員の責任制度との調整を図った。

⑵　計画制度については、各省各庁の長が立てる需給計画及び物品管理官が各省各庁の長の承認を受けて立てる運用計画の制度を廃止し、物品管理官が自主的に物品の管理に関する計画を定めることとし、実効性のある計画制度にするとともに、これに関する事務の簡素化を図った。

⑶　従来の法の規定により定められていた分類の設定をする場合、分類換をする場合及び異なる各省各庁間の管理換をする場合における大蔵大臣への協議の制度を廃止することとし、事務の簡素化を図った。なお、大蔵大臣への協議は、施行令及び施行規則の従来の規定にもいくつか見られたが、これらについても、廃止しうると認められるものは廃止した。

このような考え方に対応し、物品管理に関する帳簿の様式及び記録の方法、計画作成の方法等管理の各分野において各省各庁の長の措置に委ねる範囲を拡大した。

(4) 物品管理に関する報告に関する事項としては、まず、各省各庁の長が作成して大蔵大臣に送付する物品増減及び現在額報告書の対象物品として、従来は、借上物品が所有物品とともに含まれていたのであるが、これを除外することにした。次に、物品出納官が毎会計年度末現在において物品管理官に対してするべきこととされていた物品の保管状況の報告を法律上の制度からはずすことにした。これは、このような報告が不要であると考えられたためではなく、物品管理官と物品出納官との関係及び両者の職務からみて、このような報告は、規定をまつまでもなく当然行われるにちがいないものであること、反面、年度末現在において全物品についてこの報告を行うことは、実際問題として無理であることの両面の考慮に基づくものである。

(5) 会計検査院との関係に関する事項としては、まず、内閣が国会に提出する物品増減及び現在額総計算書は国会提出前に会計検査院の検査を経なければならないことになっていたが、この検査の制度には実益が乏しいので、廃止することにした。次に、各省各庁の長が会計検査院及び大蔵大臣に対して行う物品の亡失、損傷等の通知について、その方法を簡素化した。

(6) その他、供用中の物品の修繕等の手続を簡素化したほか、管理の各過程における手続の合理化を図った。

右に一言したとおり、この改正によって、物品管理の各過程において各省各庁の長の措置に委ねられる範囲が著しく拡大された。改正後の本法の規定は、各省各庁の長の適正な定めを得て、それと足並みをそろえて、新たに運用のルールを確立していくことになった。

その後においても、各省各庁の長が定める適正かつ効率的な物品の管理運用のための基準に委ねても物品管理事務の処理上支障がないと考えられる事務等については、法の制定当初において必要と考えられていた規制等を緩和する等の簡素、合理化が図られた。

その概要は、次のとおりである。

(1) **物品管理法施行規則の一部改正**（昭和四三年一〇月七日大蔵省令第五二号）

物品管理官代理、物品出納官代理及び物品供用官代理が代理を開始し、又は終止する場合、従来は、これらの本官の交替の場合と同様に引継書を作成することとされていたが、今後は適宜の書面によって代理開始及び終止の年月日並びに当該代理官が取扱った事務の範囲を明らかにしておけばよいこととしたこと。

例えば、「代理開始終止整理簿」のようなものを作成し、所要の事項を整理しておけばよいこととされた。

(2) **物品管理法施行規則の一部改正**（昭和四三年一一月一九日大蔵省令第五六号）

事務簡素化の見地から法第十二条第二項の規定に基づき大蔵大臣が所属の職員に行わせる実地監査の際、当該職員が携行する監査証票で財務局所属の職員に係るものは、財務局長が発行することができることとしたこと。

(3) **「物品管理法等の実施について」の一部改正**（昭和四四年一〇月一七日蔵計第三七五八号）

物品の無償貸付及び譲与等に関する法律（昭和二二年法律第二二九号）第三条第一号、第三号若しくは第四号又は第四条第二号に規定する物品を異なる会計の間において管理換をしようとする場合については、令第二十一条第三号の規定に基づく各省各庁の長と大蔵大臣との協議があらかじめ調ったものとして各省各庁の長限りで処理して差し支えないものとされたこと。

(4) **物品管理法施行令の一部改正**（昭和四四年一二月一七日政令第三〇〇号）

(a) 物品の分類又は細分類を設定し、又は変更した場合における各省各庁の長から大蔵大臣への通知は要しないこととしたこと。

(b) 物品管理官等の廃止があった場合においても、その都度検査をしなければならないことを明らかにしたこと。

(5) **物品管理法施行規則の一部改正**（昭和四四年一二月一七日大蔵省令第六〇号）

物品管理官等の代理官が代理をしている期間中において、本官の交替又は廃止があった場合には、代理中の代理官又は残務承継官が事務引継手続をすることができるよう簡素化又は明文化したこと。

(6) **物品管理法の一部改正**（昭和四五年六月一日法律第一一一号）

物品管理事務に係る検査体制の合理化を図るため都道府県の知事又は吏員に対して国の物品の管理に関する事務を委任している場合においては、当該物品の管理事務に係る検査権限を当該都道府県の知事又は吏員に委任して行わせることができることとしたこと。

(7) **「物品管理法等の実施について」の一部改正**（昭和四六年三月三〇日蔵計第一〇〇一号）

法の一部を適用しないことができる物品として、職員の数が僅少で物品の管理に関する事務の分掌を困難とする事情がある官署で大蔵大臣が指定する官署において取扱う物品が指定されているが、あらかじめ大蔵大臣との協議（指定）が調ったものとして処理することができる官署の要件の一つである当該官署における物品の取得に要する経費の額の限度を二倍に引き上げたこと。

(8) 物品管理法の一部改正（昭和四六年六月一日法律第九六号）、物品管理法施行令の一部改正（昭和四六年一一月二六日政令第三五二号）及び物品管理法施行規則の一部改正（昭和四六年一一月三〇日大蔵省令第八一号）

(a) 物品管理官の事務の一部を処理する代行機関の創設

国の会計制度においては、会計事務を処理するために歳入徴収官、支出官、物品管理官等のような会計機関を設け統一的、集中的にその事務を処理することとしているところである。しかし、このような体制では、一般行政事務の多様化等に伴い複雑かつ多量化する会計事務を円滑かつ迅速に処理することができない状況となっていたため、昭和四十六年の「許可、認可等の整理に関する法律」により物品管理法等の会計関係法律を改正し、会計事務の一部を所属の職員にも処理させることができることとした。

この結果、物品管理事務に関しては、各省各庁の長又はその委任を受けた外局の長等は、物品管理官の所掌に属する事務のうち、経常的な案件で比較的重要でないもの（例えば、消耗品、一定価格又は一定数量以下の備品等にかかる物品管理官又は物品供用官に対する受入（払出）命令又は受領（返納）命令に関する事務等が考えられる。）をその所属の職員に処理（内部委任）させることができ、各官署における物品の管理に関する事務を円滑かつ迅速に処理することができるようになった。

これは、国の会計事務は、会計機関の所属する官署の行政事務の一部ともいうべきものであり、この事務も当該官署の組織をもって運営されているものであるから、従前のように特定の会計機関が事案の大小軽重を問わず、すべてを自己の責任において集中的に処理する体制が唯一、最善のものでもなく、必要に応じ各官署の内部事務処理組織に合わせて複合的な事務処理体制をとりうることとし、所掌事務の重点的かつ、効率的な管理運営を図ろうとするためである。

(b)　分任物品管理官又は分任物品出納官の代理官の創設

これまでは、代理官は物品管理官又は物品出納官に事故がある場合又はそれらの本官として指定された官職にある者が欠けた場合においてのみ設けることができることとされていたが、分任物品管理官又は分任物品出納官にこれらの事由が生じた場合にも同様に代理官を設けて、その事務を代理させることができることとされた。

なお、物品供用官については、従来どおり分任官制度は設けられていない。

(9)　**物品管理法施行規則の一部改正**（平成七年三月二四日大蔵省令第五号）**等**

物品増減及び現在額報告書の用紙の大きさをA列4にしたこと。

(10)　**物品管理法の一部改正**（平成一一年七月一六日法律第八七号）**及び物品管理法施行令の一部改正**（平成一二年二月一四日政令第三二号）

地方分権の推進を図るための関係法律の整備等に関する法律により、地方公共団体が行う事務が法定受託事務（国が本来果たすべき役割に係るもののうち、法律等により地方公共団体が処理することとされる事務）と自治事務（本来地方公共団体が処理することとされる事務）とに区分されたことを受け、同整備法により物品管理法を改正し、物品の管理に関する事務については法定受託事務として整理されたこと。

(11)　**物品管理法の一部改正**（平成一一年一二月二二日法律第一六〇号）、**物品管理法施行令の一部改正**（平成一

二年六月七日政令第三〇七号）、**物品管理法施行規則の一部改正**（平成一二年九月二九日大蔵省令第七五号）

等

中央省庁等改革の一環として、大蔵省設置法を廃止し新たに財務省設置法を新設したこと等に伴う所要の整備を行ったこと。

⑿　**物品管理法の一部改正**（平成一四年七月三一日法律第九八号及び平成一四年一二月一三日法律第一五二号）、**物品管理法施行令の一部改正**（平成一四年一二月一八日政令第三八五号）**及び物品管理法施行規則の一部改正**（平成一五年三月三一日財務省令第四八号）

日本郵政公社法（平成一四年七月三一日法律第九七号）及び行政手続等における情報通信の技術の利用に関する法律（平成一四年一二月一三日法律第一五一号）の施行に伴う所要の整備を行ったこと。

⒀　**物品管理法施行令の一部改正**（平成一八年五月八日政令第一九三号）

刑事施設及び受刑者の処遇等に関する法律（平成一七年五月二五日法律第五〇号）の施行（平成一八年五月二四日）に伴う所要の整備を行ったこと。

⒁　**物品管理法の一部改正**（平成一八年六月七日法律第五三号）**及び物品管理法施行令の一部改正**（平成一八年一一月二二日政令第三六一号）

地方自治法の一部を改正する法律（平成一八年六月七日法律第五三号）の施行（平成一九年四月一日）に伴う所要の整備を行ったこと。

⒂　**物品管理法施行令の一部改正**（平成一九年五月二五日政令第一六八号）

刑事施設及び受刑者の処遇等に関する法律の一部を改正する法律（平成一八年六月八日法律第五八号）の施行（平成一九年六月一日）に伴う所要の整備を行ったこと。

⒃ **物品管理法施行令の一部改正**（平成二〇年九月一二日政令第二八一号）

障害のある児童及び生徒のための教科用特定図書等の普及の促進等に関する法律（平成二〇年六月一八日法律第八一号）の施行（平成二〇年九月一七日）に伴い、障害のある児童及び生徒のための教科用特定図書等については、義務教育諸学校の児童及び生徒が使用する教科用図書と同様の手続により無償給与等を行うため、物品管理法の適用を一部除外とすることとした。

⒄ **物品管理法施行令の一部改正**（平成二二年一一月一二日政令第二二四号）、**物品管理法施行規則の一部改正**（平成二二年一一月一二日財務省令第五四号）、**「物品管理法等の実施について」の一部改正**（平成二二年一一月一一日財計第二四八五号）、**「物品管理簿に記録された価格の改定について」の一部改正**（平成二二年一一月一一日財計第二四八六号）**及び「物品増減及び現在額報告書に記入する物品の品目の表示について」の一部改正**（平成二二年一一月一一日財計第二四八七号）

第百七十四回通常国会における議論の中で、国の所有する高価な美術品の適正管理の指摘があったことを踏まえ、物品管理の一層の適正化の観点から、国の所有している一定額以上の絵画、彫刻等の美術品についても、その価格を帳簿に記録するとともに、その状況について物品増減及び現在額報告書を作成して毎年度国会に報告することとした。

⒅ **物品管理法施行令の一部改正**（平成二七年三月二五日政令第九三号）

少年院法（平成二六年法律五八号）、少年鑑別所法（平成二六年法律五九号）及び少年院法及び少年鑑別所法の施行に伴う関係法律の整備等に関する法律（平成二六年法律第六〇号）の施行に伴い、物品管理法施行令において廃止される旧少年院法（昭和二三年法律第一六九号）を引用した規定を、新たに制定された少年院法及び少年鑑別所法の規定に改める所要の整備を行ったもの。

⒆ **物品管理法施行規則の一部改正**（令和元年五月七日財務省令第一号）、**物品管理法施行規則の一部改正**（令和元年六月二一日財務省令第五号）

平成から令和への改元に伴い、別表第一中における元号の削除を行ったこと。また、別表第一及び別表第二の備考中「日本工業規格」を「日本産業規格」に改めたこと。

⒇ **物品管理法の一部改正**（令和元年五月三一日法律第一六号）

情報通信技術の活用による行政手続等に係る関係者の利便性の向上並びに行政運営の簡素化及び効率化を図るための行政手続等における情報通信の技術の利用に関する法律等の一部を改正する法律（令和元年五月三一日法律第一六号）の施行に伴う所要の整備を行ったこと。

第二章　管理客体

第一節　適用物品

物品管理法でいう「物品」とは何かということである。物品会計規則では、前述したように、「物品」の範囲は必ずしも明らかでなく、他の財産管理法規たる会計法又は国有財産法との適用関係が曖昧であったという問題、また所有権の有無によって取扱上差別をつけていたという問題があった。物品会計規則が所有権の存否を重要な基準と考えていたのに対し、物品管理法では、所有する動産も、保管する動産も、その効用を発揮させるという観点から統一的に把握し、同一の水準で扱うこととしている。物品管理法は、所有物の財産価値を保持するための管理を行おうとするのではなく、言葉を換えれば、物品を物理的存在として管理しようとするのではなく、効用を管理しようという立場に立っているのであるから、等しく効用の存する以上、保管物を所有物と同一の地位に置いて取り扱うこととしたのは当然であろう。

物品管理法第二条第一項が、「物品」の範囲を限定している。それは、大きく分けて、所有する動産と保管する動産との二つのグループになるが、何れにしても、まず、物品は、動産に限られる。民法上、動産とは、不動産以外の物すべてをいうとされている（民法第八六条第一項）。不動産とは、土地及びその定着物である（民法第八六条第一項）。土地は特に説明を要しないが、土地の定着物とは、「土地に附着する物であって、継続的に一定の土地に附着して使用されることが、その物の取引上の性質と認められるもの」とされている。したがって、機械等の設備のようなものも、土地又は建物に造りつけられたようなときは、定着物となる。定着しているか否かの判断は、個々の具体的なケースに即してなされることになる。この判断については、物品管理法上、相当面倒な問題を生ずることがある。例えば、仮設物は一般に動産すなわち物品とされるが、その堅固の程度によっては、むしろ不動産すなわち国有財産として管理した方がよい場合が考えられる。ボイラーとか大型の機械等についても、同様の問題がある。また、建物の一部分と考えられるドア、サッシ、ラジエーター等の建具、設備の類についても、問題はある。これらについては、明確な一線を画することは困難である。実務上は、処理に便利なような目的的な立場から解釈されることが多い。

民法上、物は有体物に限られている（民法第八五条）。物品管理法も、有体物たる動産が対象として把握されている。電気等のエネルギーも、無体ではあるが、有価物である以上、管理対象となりうるのであるが、実務上電気のごときは、電気そのものでなく、これを導く配電盤等の施設を管理すれば十分目的を達しうるので、物品でないとしても一向に差し支えはない。水道管やガス管から送られてくる水やガスは有体物であるが、この管理についてもバルブ、コック等の施設管理によって目的は達せられる。施設の中における管の中の水、ガスの量は無視しうるであろう。ただし、特殊な施設で、これらを大量に使用するため貯蔵しているような場合は、問題は別である。例えば、遠洋航海をする船舶における水、製造工場におけるタンク中の原料ガスのようなものは、やはり、水なりガスなりそれ自体が物品として把握される。

一　所有動産

第一のグループ、国が所有する動産にあっては、法第二条第一項第一号から第三号までに列挙する現金その他の特殊の動産を除くものとされている。

除かれる第一のものは、「現金」である。現金は、何よりもその価値の表象としての性格が認識されるものである。具体的な物品としての存在、すなわち、紙幣又は貨幣の物理的存在が着目され、その紙又は金属としての特性に基づく効用が利用されるという性質のものではない。また、国における現金の取扱いは、原則として国庫たる日本銀行が代行することとされており、国自身は、予算統制のもとにおいて、支出という命令行為をしたり、納入告知の手続をとったりするに過ぎない。もとより、国の会計機関の手で現金が出納保管されることもあるが、これは、国庫取扱銀行に取り扱わせることの例外である。また、現金については、会計法以下整備された別個の規制の体系が存在する。以上のような理由から、現金を物品管理法の規制対象から除外したのである。

除外される動産の第二は、「法令の規定により日本銀行に寄託すべき有価証券」である。会計法第三十五条に、「国は、その所有・・・に係る有価証券の取扱・・・を日本銀行に命ずることができる」とあり、また、政府所有有価証券取扱規程第二条の規定によれば、特殊の事由があるものを除くほかは、政府所有有価証券はその取扱官庁所在地の日本銀行に寄託すべきものとされている。有価証券の管理は、これら既存の別個の法体系によって規制されており、また、現金同様、そのものの物理的な用益面でとらえることは実質的な意味がないので、物品とはされなかった。日本銀行に寄託すべき有価証券は、国債証券、地方債証券、特別法人の発行する債券、社債券、特別法人の発行する出資証券、株券、投資信託又は貸付信託の受益証券等であり、金銭給付を目的とする権利を化体したものである。物の給付を目的とする権利を化体した有価証券、具体的には倉庫証券、船荷証券又は貨物引換証等の証券は、日本銀行に寄託されるものではないので、物品管理法上の物品として取り扱われるものであることに留意する必要がある。

第三は、国有財産法の管理客体たる動産である。

まず、国有財産法第二条第一項第二号に掲げるもの、具体的には船舶、浮標、浮桟橋及び浮ドック並びに航空機、第三号に掲げるもの、すなわち不動産及び第二号に掲げる動産の従物は、法第二条第一項第三号によって物品ではないとされている。これらの動産は、極めて不動産に近い性格を有しており、国有財産として一体的に管理することがその機能の面からも適当であるし、既に国有財産として管理されてきた実績からみても、強いて「物品」の範囲に取り込まなくても管理上支障がないと考えられたので、国の所有する動産ではあっても、「物品」とはみないこととされたのである。ただし、厳密にいえば、このような取扱いは、理論的一貫性を欠くものであり、ことに、船舶及び航空機については、若干問題があるかもしれない。

次に、国有財産法附則第四条に規定する旧軍に属していた機械及び重要な器具も、「物品」の範囲には含まれない。物品管理法では、旧軍に属する機械及び重要な器具、いわゆる旧軍財産については、積極的に除外する旨を規定していないから、「物品」の範囲に属するかに見えるが、国有財産法附則第四条でこれらを国有財産とする旨が明瞭にうたわれており、混淆を来すおそれはなく、しかも、同条が附則としての経過的規定であるため、敢えて物品管理法に除外の規定を置かなかったのである。旧軍財産が動産であるにかかわらず、国有財産とされた実質的理由は、これらが、国有財産特別措置法の対象として、公共の利益増進、民生の安定、産業振興等に有効適切に寄与させるべく、特定の場合には、無償貸付、減額譲渡、貸付又は譲与することができるものとしている特殊な性格を有するためであり、この目的達成のためには、物品管理法の規制下に置くことは必ずしも適切ではないと考えられたからである。

従来の国有財産法の規定によれば、「事業所、作業所、学校、病院、研究所、その他これらに準ずる施設において、その用に供する機械及び重要な器具」は、国有財産として取り扱われていた。物品管理法制定に際して、この規定を改め、これを物品として取り扱うこととしている。従来、国有財産法においては、上記のような施設において供用される機械又は器具については、これを構成要素とする施設の財的価値を一体として把握し、いわゆる財団的価値を発揮させようという意図が存していたと考えられ、この観点からこれらの動産も国有財産として取り扱うこととしていたようであるが、価値を一体として把握するということと、個々の機械又は器具を、その効用を完全に発揮すべき物品として把握し、管理を良好ならしめようということとは、抵触するものではない。国の内部において、その活動の用に供される機械又は器具は、その供用される場所の如何を問わず、一貫し統一された総合管理がなされるべきであろう。このような観点から、国有財産に属していた動産の一部が物品の範囲に包摂されることとなったのである。

二　保管動産

「物品」の第二のグループは、国が供用のために保管する動産である。保管動産については、法は特に除外の規定を設けていないから、供用のためにするものである限り、一切の保管動産がすべて「物品」となる。

ここで問題となるのは、「保管」という概念であろう。物品管理法においては、「保管」という言葉は、種々の内容をもって使用されている。大別すれば、物品の管理権原としての「保管」と、物品の管理過程としての「保管」の両者がある。第二条で用いられているのは前者の意味においてであり、「所有」という管理の権原に対応するものである。平たく言えば、占有下におかれているというのとほぼ同じ意味であって、最終的な処分権まで含む所有権はないが、直接国が支配する権原を有することを示すものである。

「供用」という言葉については、若干説明を要しよう。法第二条第二項では、供用について「「供用」とは、物品をその用途に応じて国において使用させることをいう」と定義を与えている。従来、供用という言葉は、原形を変ずることなく、比較的長期の使用に耐える物品、すなわち備品を使用させるという意味で用いられてきたが、ここでは、備品、消耗品を問わないものとしている。

「その用途」とは、物品の本来の属性に基づいておのずから限定される使い途というのが通常理解される意味であろうが、ここでは、やや独自の意味をもたせており、その物品に対し人間が主観的に目的を付与する用途をも含むとされる。たとえば、印刷用紙は、本来は、その上に印刷をし、又は文字等を書くためのものであろうが、場合によっては、標本、見本、試験、検査等に用いられる場合があろう。また、犯罪を立証するため証拠品として用いられるような場合があろう。これら何れの場合も、ここにいう「その用途」に含まれるのである。これに対し、高価な印画紙を包装の用にあてるようなことは、著しく妥当性を欠くものであり、一般的常識的な範囲において、目的を付与したものとは言い難いから、その用途には当たらないと解すべきであろう。

このように、「供用」の範囲は極めて広い。言葉を換えていうなら、国の用に立つ限りおよそ何の用途に当てても差し支えないというのに近いが、「国において」とある以上、国のためにという前提があることはいうまでもなかろう。国の物品を私用に当てるようなことは供用には当たらない。このことは、改めて断るまでもなく、物品管理法以前の問題であり、財産の管理処分の原則を定めている財政法第九条の精神からいっても当然のことであろう。

「国において」という言葉には、さらに、「国自身が」という意味のほかに、「国以外の他者に」という意味が含まれている。何れの場合においても、「国の支配下において」ということが条件である。したがって、国の営造物内において、所定の規則に従い国以外の他者に物品を使用させるのは供用であるが、国の占有から離れて、国以外の他者の占有下において物品が使用される場合は、もはや物品の供用ではなくて、物品の取扱いとしては処分の範囲に属することとなってくる。物品が国の占有下にあるとき、その物品は物品管理法によって規制されるが、物品の利用者に対する貸付なり、倉庫業者に対する寄託なりが行われて、その物品が国の占有下を離れる場合は、物品はその貸付なり寄託なりの契約の条件に規制されることになる。極端な例として、国立の図書館で、図書を館内で利用者に閲覧させている場合は供用であるが、館外貸出をし、利用者に自宅で閲覧を許す場合は貸付となるような例が考えられる。貸付は、物品の「処分」の一形態として理解される。

「使用させる」という表現には、使用する主体と国とが人格的に対立する別の存在であり、国は物品管理機関を通じて使用者に使用させるのであるというニュアンスが含まれている。

物品の最終的な利用者が使用者になるとは限らないことに注意する必要がある。例えば、各省各庁の乗用自動車については、使用職員は運転手であるが、これを利用する客席の乗員は使用職員ではない。これら利用者は運転手に対して指揮命令をし、事実上自動車の運行を左右することができるとしても、物品管理法上は、貨物と同様無性格のものである。仮に、利用者による不当利用の問題が起こったとしても、それが直ちに使用職員の不正使用ということになるものではない。使用職員たる運転手にとっては、与えられた命令に従って自動車を運行することは正当な使用なのである。もっとも、この場合でも、命令が当然不当なものであることが明らかであり、使用職員としてこれを拒否し得る状態にあったようなときは、不正使用という問題も起ってくる。

もっとも、一の物品の使用者が常に一人であるとは限らない。共同の利用のために供されている会議用の机、椅子とか、応接セット、すなわち、共用物品については、実際に使用する職員のすべてが、使用者である。

なお、本章第一節一で述べたように、国の所有に属する動産のうち船舶、航空機等は、物品とはならず、国有財産法が適用されることとなっているが、国が借り上げて国の事務又は事業に使用している船舶、航空機等は、国の所有に属さないものであるから、国有財産法第二条の国有財産に該当せず、法第二条第一項本文で規定している「国が供用のために保管する動産」に該当することとなり、物品管理法の適用を受ける物品として取り扱われることとなる点に留意する必要がある。

第二節　準用動産

前節で述べたところにより、「物品」とは何か、換言すれば、物品管理法が適用される客体は何であるかが明らかになったと思う。

次に、物品管理法は、「物品」にはならないが、法の一部を準用すべき客体について規定している。法第三十五条の規定がそれである。「準用」というのは、似たような事例に対して本来の規定を読み替えてあてはめることであり、立法技術上同種の規定の重複表現を避けるため使われる概念で、極めて有効便利なものである。法第三十五条は、物品以外の動産で国が保管するもののうち政令で定めるものについて、法の一部の規定を準用することを規定している。「物品以外の動産で国が保管するもの」とは、法第二条との関連においていうならば、供用以外の目的で国の占有下に置かれている動産ということになる。この規定の趣旨は、供用の目的を有しない保管物品は物品管理法本来の管理対象となるべき性質をもつ動産ではないが、いやしくも、国が国以外の者の動産を国の責任において保管する場合は国自身のものと同様良好に保管することが当然の義務であり、国民の信頼に応える所以と考えるからである。

具体的に如何なる動産を準用動産にするかは、令第四十一条に規定しているが、次に掲げるもののうち、現金及び有価証券以外のものである。現金及び有価証券を除いた理由は、物品の定義について説明したところとほぼ同様であり、法規制としても、会計法、予算決算及び会計令、出納官吏事務規程、国の債権の管理等に関する法律、保管金規則、政府保管有価証券取扱規程、日本銀行政府有価証券取扱規程等の他の法令が存しているからである。

一　国が寄託を受けた動産

これは、国がその原因の如何を問わず、供用の目的以外の理由により寄託を受けて国において占有する動産である。ここにいう寄託は、民法上の寄託（民法第六五七条）より意味が広いと解する。寄託を受けた動産として試験、検査、検定、審査等を依頼するため国に提出した動産、国において国の債権を担保するため提供させた担保物たる動産等がある。

二　刑事収容施設及び被収容者等の処遇に関する法律、少年院法、少年鑑別所法、出入国管理及び難民認定法、婦人補導院法の各規定により領置した動産

刑事収容施設及び被収容者等の処遇に関する法律等のそれぞれの規定により、被収容者等の携有する物については、国は、行刑上等の理由から、収容の際各人から取り上げて領置占有することになっている。これらの領置物件は、一定の処分が終了し、被収容者が退所又は退院する際、各人に返還するものである。国は、いわば、一時預かっているのに過ぎないのであるが、これらの物件についても良好に管理すべきことは当然であって、法は準用動産としている。

三　各省各庁の長が指定する動産

前二項目は、具体的に特定の性質をもつ物品を標示しているが、これら以外の国が供用の目的なくして保管する動産については、これを所管する各省各庁の物品管理上の実情に即応して適宜各省各庁の長が指定するところに委ねている。前記一の国が寄託を受けた動産を広く解するなら、通常考えられる保管動産は大部分包含されることになろうが、特殊な物件として、例えば刑事訴訟法の規定による証拠物件として押収した動産、国税徴収法による国の債権保全のための国税滞納処分による差押物件、あるいは国の施設内の遺失物などが指定されるならば、ここの三にいう動産となりうることが考えられる。前記一は、国が「寄託を受けた」という表現を用いており、国が受動的な立場に立たされていることを示しているが、これに対し、前記二は、能動的に国が領置するものであるから特に規定しているごとくである。したがって、ここの三の各省各庁の長の指定も、能動的に占有を行うものに限られるべきであると解する。

第二節　準用動産

準用動産について準用されるのは、物品管理法の規定のすべてではなく、その一部である。いかなる規定が準用されるのかというと、それは、法第三十五条において示されているように、同条の括弧書の規定を除いたすべての規定である。具体的に除外される規定を列挙すると（各規定の詳細については、後に述べるところをそれぞれ参照されたい。）

第三条から第五条までの分類に係る規定
第十条の物品供用官に係る規定
第十三条、第十五条及び第十六条の物品の管理に関する計画、供用又は処分の原則及び管理換に係る規定

第十九条から第二十一条までの取得、供用及び返納の手続に係る規定

第二十六条から第二十九条までの供用不適品等の処理及び物品一般の処分に係る規定

第三十一条第二項の物品の使用職員の弁償責任に係る規定

第三十七条及び第三十八条の物品増減及び現在額報告、総計算に係る規定

の各規定である。なお、第十四条、第二十五条及び第三十四条の規定は「削除」の規定であるが、この意味を有しない規定が法形式上準用されるのをさけるため同様に除外している。

結局、準用されることになるのは、主として物品の出納保管に関する規定、物品管理官及び物品出納官を中心とする物品管理機関の規定、物品管理職員の管理義務及び責任に関する規定、その他帳簿、検査等、その事務処理に関する手続的規定のほか、物品管理について本質的に要求される原則について定めている規定、すなわち、物品管理法の目的、他法令との関係、関係職員の行為制限、保管の原則等の基本的事項を定める規定である。

これは要するに、国が、国以外の者の所有に係る動産であって供用の目的はないものについても、会計機関によって善良な管理者の注意義務をもって保管出納し、その事実を記録し、検査を行い、広く国民の信頼に応えんとするにほかならない。

第三章　管理機関

第一節　概説

第一章において述べたとおり、物品会計規則の下においては、管理機関の系統は、現金会計及び不動産会計において法令上明確な体系が存しているのとは異なり、甚だしく不分明であった。物品会計官吏以外の物品管理機関が法令上の根拠をもたなかったこと、物品取扱主任等と称せられる職員の法令上の性格が不明確であったこと等の前述の諸点のほかに、例えば、物品管理上の権限の帰属点については各省大臣であることを自明の前提として、規定の上では何等ふれていなかった。この点はふれなくても当然推定されるといえるかもしれないが、制度上やはり明文化しておくべきものであろう。かくの如く、物品の管理に関与する機関が設置の根拠も断片的で、上から下まで総合的に体系化されていなかったことは、物品管理の実質に重大な影響を及ぼしてきたと言わざるをえない。

物品管理法は、各省各庁の長が国における事務又は事業の重要な遂行単位である点に基づき、その活動に対応する手段としての物品を管理する機関としても最高の責任単位であることを明定している。このような地位において、各省各庁の長は、物品管理に関する事務を、下部機関、具体的には物品管理官に委任して行わしめるのである。さらに、物品管理官は、自己の行う事務のうち物品の出納及び保管に関する事務を物品出納官に、物品の供用に関する事務を物品供用官に、それぞれ委任することにより行わしめることとしている。物品会計規則の下においては、物品会計官吏も物品出納命令官も任命という方法で設けられ、そこに物品管理上有機的な総合性はなく、分位の面が存するに過ぎなかったのに対して、物品管理法では、各省各庁の長から物品管理官、さらに物品管理官から物品出納官及び物品供用官にと委任関係の流下により、物品管理の有機的一体性を確保している。

第二節　物品管理機関

広義における物品管理機関は、管理機関及び総括機関に区分される。

管理機関とは、割り当てられた物品の管理を現実に担当する機関である。この機関の体系は、各省各庁を単位として形作られる。すなわち、各省各庁の長をその頂点とし、その長から委任を受けた物品管理官、並びに物品管理官から委任を受けた物品出納官及び物品供用官をもって構成されるのである。なお、各省各庁の長は、物品の管理に関する事務を都道府県の知事又は知事の指定する職員が行うこととすることができるものとされ、この場合には、知事又は知事の指定する職員もこの体系に加わることになる。

総括機関とは、国全体の物品管理事務の総括をする機関である。この機関は、物品の管理の事務をみずから具体的に行うものでなく、各省各庁において現実に行われる物品の管理を外側から総合調整するものである。もちろん、現金、国有財産におけると同様、国庫大臣としての財務大臣が、この地位を占める。

各機関の性質及び内容については後述するが、さしあたり概要の系統図を示せば、次のとおりである。

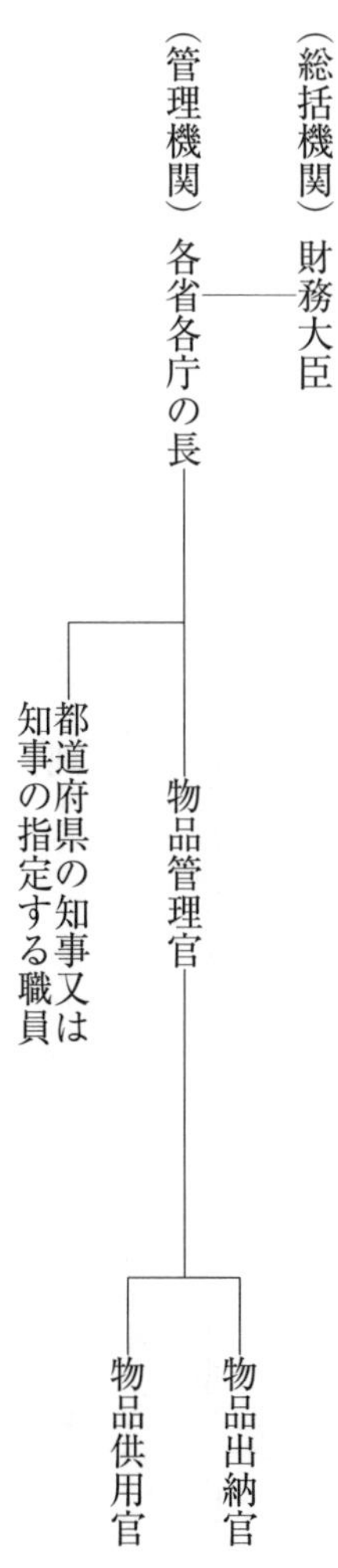

一　各省各庁の長（法第七条）

国が物品を取得するのは、金銭による購入という方式がほとんどである。物品に転換するもとの財産形態ともいうべき金銭については、予算の形式で極めて厳格な規制が行われ、具体的な使用については、財政法を頂点とする会計法以下の各種法令によって規律されている。予算執行の責任は誰が負うのかということについては、財政法第三十一条第一項に、「予算が成立したときは、内閣は、国会の議決したところに従い、各省各庁の長に対し、その執行の責任に任ずべき歳入歳出予算……を配賦する」とあって、各省各庁の長がその責めにあたることを明らかにしている。国の不動産等の国有財産についても、国有財産法第五条は、同様に、各省各庁の長がその所管に属する行政財産を管理するものと定めている。これらの趣旨にならって、物品管理法は、その規制の対象となる動産についての最高管理機関を各省各庁の長としている。物として存在する限り、物品と国有財産との間の流動が生ずることは十分考えられる。まして、予算の執行の裏腹をなして総合的に循環するものが物品であり、さらに物品は、なんらかの供用又は処分の目的により制約され、直接には予算の目的によって限定されているものである。したがって、物品の効用を各省各庁における事務又は事業の目的に最もよく適合させるためには、各省各庁の長が最高の管理機関となるのが最も妥当であることはいうまでもないことである。

法第七条にいう「各省各庁の長」とは、解釈によって限定される性質のものでなく、法令上の概念であり、法第二条第三項に定義されているように、財政法第二十条第二項に規定する各省各庁の長をいうものである。財政法第二十条第二項は、各省各庁の長として、衆議院議長、参議院議長、最高裁判所長官、会計検査院長並びに内閣総理大臣及び各省大臣を列記している。ここで注意を要するのは、内閣府の外局（国家公安委員会、金融庁等）の長は、大臣であっても各省大臣たる長ではないから、ここにいう各省各庁の長には当たらないことである。これらの外局について各省各庁の長となるのは、内閣府所管大臣としての内閣総理大臣である。同法第二十一条では、これに対応して、各省各庁とは、衆議院、参議院、裁判所、会計検査院並びに内閣（内閣府を除く。）、内閣府及び各省をいうとしている。

法第七条には「その所管に属する物品を管理する」とあるが、この管理という言葉には、二様の意味がある。第一は、各省各庁の長が実質的に物品の管理をするという立場である。各省各庁の長は、現実の管理事務を他の職員に委任しない限り、執行権限は当然みずから行使することとなり、物品管理事務を担当する地位に立たされることになる。

第二は、物品管理事務全般を統制するというか、統括管理する立場である。物品管理法において、命令、承認、検査、監督等各省各庁の長たる地位に基づいてのみ可能な行為が規定されている（これらの権限のうちには、当該各省各庁所属の外局の長等に委任することができるものがある。令第二条参照）が、この場合における各省各庁の長たる独自の性格をもって機能する部面である。いわば、物品管理行政機関の性格をもつ部面である。かかる機能は、いわゆる物品の管理行為（法第三一条第一項）の範ちゅうに属さず、むしろ一般行政処分の性質をもつものであって、この機能の行使に伴って、仮に、物品の亡失、損傷を生じ、国に損害をもたらした場合でも、管理上の弁償責任の問題は生ぜず、一般的な行政上の責任を問われることになる。

二　物品管理官（法第八条第一項及び第二項）

各省各庁の長は、総合的な最高の物品管理機関ではあるが、物品の管理以外の他に一層重要な一般行政事務全般を掌るものであるから、みずから直接物品管理事務を担当するということは事実上ありえず、その事務は、具体的な管理体系を構成するものによって分担される。

法第八条第一項では、まず、各省各庁の長は、当該各省各庁所属の職員にその所管に属する物品の管理に関する事務を委任することができるものとし、さらに、同条第二項では、必要に応じ、他の各省各庁所属の職員にも事務を委任することができるものとしている。各省各庁の長又はこれらの規定により物品の管理に関する事務の委任を受けた職員は、物品管理官といわれる（法第八条第三項）。各省各庁の長がこの委任をせず、みずから物品管理官として機能することは、すでに述べたとおり事実上考えられないので、ここでは、各省各庁の長から委任を受けた職員のみを物品管理官として念頭において、話を進める。

物品管理官には各省各庁の長が物品の管理に関する事務を委任するのであるが、管理の各過程、すなわち、取得、保管、供用、処分の一部のみを委任することができるか、また、一組織内において、物品の一部、特定の種類、品目についてのみ委任することができるかの問題がある。条文の上では特別に制限していないから、いかなる一部委任も可能であるかも知れないが、物品の適正かつ効率的な管理を図る目的からすれば、やはり実質的に意味のある単位としての管理事務が総合的に委任されなければならないといえよう。

他の各省各庁所属の職員に委任することができる旨の規定があるからといって、当該省庁の組織権限と全く無縁に個人たる特定の職員に委任を認めていると解すべきではない。それは、あくまで必要においてでなければならない。行政組織は、各省設置法その他の法令によって、事務範囲は限定されているが、固有の行政組織の範囲外においても、一般行政事務について委任を認められる場合がある。そのような場合には、これに関連する物品管理事務も委任することが、比較的自然に認められる。しかしながら、一般行政事務の体系と物品管理事務の体系とは常に並行するものとは限らない。このような行政事務の委任に伴わない場合の物品管理事務の委任についての必要の限度は、具体的には認定困難である。

物品管理官は、原則として個々の職員に対して委任が行われるものであるが、金銭会計機関の場合と同様、官職を指定する方法によることも認められている（法第八条第五項）。

委任には、個々の職員を把握して権限を委任するいわゆる個別委任と、特定の官職を指定することによりその官職の地位を占める職員に自動的に権限の委任が行われるいわゆる官職指定による委任とがある。国の機関における委任は、独立の人格者間の委任とは本質的に異なっており、個々の人格の要件如何が問題となる性質のものではなく、むしろ国の組織一般としてその組織のうちに占めるポストが重要な意味をもっている。国の行政組織においては、その組織に属するポストに法令上一定の権限が帰属せしめられているのであり、そのポストの地位に対する評価が重要な意味を有する。また、仮に、個人の人格の要件如何という問題があるにしても、そのポストへの任命という段階で既に判断は下されているのである。以上の理由から、また、個別委任は却って手続上無用の処理を強いることとなるという実情から、一般に、官職指定による委任が適切であるということができる。

各省各庁の長が物品管理官を委任するに当たって当該各省各庁所属の職員に委任させる場合において、必要があるときは、当該各省各庁所属の外局の長等（内閣府設置法第五十条の委員長若しくは長官、同法第四十三条若しくは第五十七条（宮内庁法第十八条第一項において準用する場合を含む。）の地方支分部局の長、宮内庁長官、宮内庁法第十七条第一項の地方支分部局の長、国家行政組織法第六条の委員長若しくは長官、同法第九条の地方支分部局の長又はこれらに準ずる職員をいう。以下同じ。令第二条参照）をして物品管理官の委任をさせることができる（令第五条第一項）。この規定は、物品管理官の設置を外局の長等の判断によって行うことができる途を開いて実情に合った物品管理官の配置を迅速に行いうることを目的とするものであって、昭和四十年の改正により、契約担当官の例（予決令第六八条第一項）にならって設けられたものである。令の当初の規定によれば、金銭会計機関の設置の場合と同様に、各省各庁の長は委任しようとする場合は、当該職員及びその官職並びに委任しようとする事務の範囲について、あらかじめ大蔵大臣に協議すべきものとされていたが、この協議の制度は、昭和四十年の改正の際に廃止された。他の各省各庁所属の職員に委任しようとする場合には、外局の長等にこれらを行わせることはできない。この場合には、各省各庁の長は、当然のことであるが、当該他の各省各庁の長の同意を得なければならないとしている（令第五条第二項）。官職指定の方法による場合は、この同意は、その指定しようとする官職及び委任しようとする事務の範囲についてあれば足りるとしている（同条第三項）。

なお、物品管理官に事故がある場合に、その事務を代理する物品管理官代理の制度（法第一〇条の二第一項）がある。

物品管理官は、法理上、物品に関する総合的管理権を有するものであるが、事務の性質上の差異と内部牽制の考慮から、その行う事務のうち一部分を法第九条に規定する物品出納官に委任するものとするとされ、また、一部分を法第十条に規定する物品供用官に委任することができるとされている。

三　分任物品管理官（法第八条第四項）

法第八条第四項では、各省各庁の長は、必要があるときは、政令で定めるところにより、当該各省各庁所属の職員又は他の各省各庁所属の職員に、物品管理官の事務の一部を分掌させることができると定めている。この規定により物品管理事務の一部を分掌する職員を分任物品管理官という（法第八条第六項）。

物品管理官は、本省、庁、委員会、地方支分部局のように独立した各官署ごとに委任され設置されるのが通常であるが、これら独立した各官署に附属する支所又は出張所という行政機関が設けられる場合がある。この支所又は出張所においてももちろん事務又は事業の遂行のために必要な物品を保有し運用しているわけであるが、経理の単位としては、その属する本局等に属して整理されるのが通常である。しかしながら、本局等に配置されている物品管理官をして支所又は出張所における物品の管理まで直接行わせることとするのは、距離的な関係等から物理的に困難があり、また、事務又は事業の運営面からみても時宜に即した適切な処理が行われ難いという場合も考えられる。

そこで、このような場合に、本局等の物品管理の責任が酷になることがないようにし、しかも出張所等の事務又は事業の運営に即した適切な物品管理を行うこととするため、本来、本局等の物品管理官の管理責任に属している出張所等の物品管理事務を、当該出張所等に配置されている職員に分掌させる途を開いているのである。

分任物品管理官は、分掌する範囲の物品管理については、本官と全く独立してその機能を発揮するものであり、特に定められた場合（物品増減及び現在額報告書の提出をする場合、物品の亡失又は損傷の報告を各省各庁の長等に提出する場合（規則第三七条の二第二項）、会計検査院に物品管理計算書を提出する場合に、分任官の分を本官に提出させ、本官において取りまとめて本省に提出することとしている例等がある。）を除き、具体的な物品管理事務について、本官と直接上下の関係に結びつくようなことはない。例えば、後述する物品の「管理換」について、分任物品管理官の管理に属するものを、その属する本官以外の全く別の物品管理官に管理換をする場合にも、本官とは関係なく分任官限りで所定の手続きを経て行うこととなっている。

分任物品管理官は、本官の場合と同様に、必要があるときは、他の各省各庁所属の職員に分掌させることができる。また、官職指定の方法によって分掌させることができること、外局の長等をして分掌させることができることも本官の場合と同様である。

四　物品出納官（法第九条）

物品管理官（分任物品管理官を含む。以下の説明においても、特に断らない場合は、同様である。）は、政令で定めるところにより、その所属する各省各庁所属の職員に、その管理する物品の出納及び保管に関する事務（出納命令に係る事務を除く。）を委任するものとする（法第九条第一項）。この委任を受けた職員が、物品出納官である（同条第二項）。

物品管理官のほかに物品出納官なるものを設けることとした理由は何か。

各省各庁の長から物品管理官に委任される事務は、物品の管理に関する事務の全般である。この事務は、その性質上、管理に関する意思を決定する作用と、決定された意思を執行する作用とに区別される。このように区別すれば、後者の作用は、言い換えれば、現物を実際に取り扱う作用であって、具体的には、物品の出納及び保管がその代表的なものである。物品管理官をして物品の管理の直接の担当責任者たらしめ、物品管理官の行為によって物品の適正かつ効率的な供用及び処分を確保せんとするためには、物品管理官を煩雑な現物の取扱いから解放し、もっぱら判断、意思決定の作用に専念せしめることが必要であろう。現物取扱いの作用の方も、専任者が置かれることによって、適正を期し得るであろう。これが、第一の理由である。

もう一つは、いわゆる内部牽制の要請である。いかなる事務であれ、意思決定の作用と執行の作用とが同一によって行われる場合には、その者の恣意によって不正不当な事務処理が行われる危険を完全に避けることはできない。両者の作用を分離し、前者を担当する者はみずから執行することはできず、後者を担当する者は前者を担当する者の意思に従ってのみ執行することができることとして、すなわち、内部牽制の体制を取り入れることによって初めて、この危険を制度的にシャットアウトすることができるのである。厳正を何よりのモットーとする会計事務については、この体制をとる必要性はひとしお強い。金銭会計において、徴収機関と収納機関、支出機関と支払機関を切り離しているのは、このためである。物品会計においても、同じ要請があるわけであり、これが、物品出納官の制度を設けた第二の理由である。

　物品出納官が、各省各庁の長からではなく、物品管理官から委任を受けるものとされている理由は何か。物品の出納及び保管に関する事務が物品出納官によって行われるのであれば、これをいったん各省各庁の長から物品管理官に委任し、物品管理官があらためてこれを物品出納官に委任することとする法の規定は、一見奇異な感じを与えるかも知れない。しかし、法は、物品の管理に関する事務を一体として、総合的に物品管理官によって把握させ、これによって、物品の有機的な管理運用を確保しようとしたのである。具体的にいえば、物品出納官を物品管理官の受任者とすることによって、物品管理官は、物品出納官に対して一般的な指揮監督を行い、物品出納官から報告を徴し、又は通知を受け、あるいは検査することができることとなり、もって物品の管理に関する事務が全体として、その方針において分裂することなく行われうるであろう。これが、法の意図するところなのである。

　さて、法第九条第一項は、「委任するものとする」としている。従来、この文言は、「委任しなければならない」の意味を表わすものとすると考えられ、法の他の規定（改正前の法第二〇条第一項）や令、規則の諸規定の表現も、これを裏付けていた。先に述べた内部牽制の要請が強く意識され、物品出納官を必置の機関としてきたのである。前述したとおり、この物品出納官の設置は、本来は、管理事務の処理を明確、便宜にすべきものであった。しかしながら、機関を数種設置すれば、その間の交渉に関する事務が必要となる。機関を設置したというそのことだけから新たに必要となる事務もある。官署によっては、この種の事務の発生が機関分立のもたらす利益と相殺されてしまっているのではないかと考えられるものが出てきた。物品管理官と物品出納官との官の兼職は禁止しながらも、その事務の兼掌は禁止していない則第六条の規定や、小規模官署における物品の管理について物品出納官に関する法の規定の適用を除外する令第四十七条の規定は、ある程度これらの事情を考慮して定められたものであったが、なお事態に即応するに充分でなかった。

昭和四十年の改正は、この問題を次のように解決した。まず、「委任するものとする」の解釈であるが、本来「するものとする」という法令用語は、必ずしも常に「しなければならない」の意を表わすものとして用いられるものではなく、むしろ、「するのがたてまえである」ぐらいの意味を表わすものとして使われることが多いものがある。法第九条第一項におけるこの語が後者の意味で用いられていると考えれば、特にこの規定を改正しなくても、物品出納官設置の義務は緩和することになる。つまり、設置するのがたてまえではあるが、合理的な理由がある場合には、設置しなくてもよいということになるわけである。四十年の改正は、このような考え方に立脚し、これに伴って、法第二十条の一部を改めた（物品管理官がみずから物品の払出しをすることがあることを明定した。）。

次に、「政令で定めるところにより」の政令の定め（令第六条）を改めた。従来のこの定めは、単に、「各省各庁の長が定めるところに従って」設置すべきこととしていたのであるが、これを「各省各庁の長又はその委任を受けた当該各省各庁所属の外局の長等が物品の数量及び保管場所その他物品の管理上の条件を勘案して定める基準に従って」すべきこととした。各省各庁の長又は外局の長等が物品出納官設置の基準を定め、この設置基準に従って、物品管理官が物品出納官を設ける（あるいは、設けない）こととする趣旨である。

法及び令では、物品出納官を設置しない場合のあることを直接明言はしていないが、則第二十五条は、これを明定している。なお、物品管理官と物品出納官の兼職の禁止を定める則第六条の規定は、そのまま存置せしめられたが、この規定は、物品管理官が物品出納官を設置する場合には、自分以外の者を物品出納官とすべきであるという、いわば当然のことを定めているだけであって、この規定の存在が前述の説明の妨げとなるわけではない。

物品出納官に委任される事務は、「出納及び保管に関する事務（出納命令に係る事務を除く。）」である。わかりやすくいえば、倉庫番としての事務である。出納命令（法第二三条）に係る事務が除かれているのは、物品出納官設置の理由から当然であろう。物品出納官が設置されないときは、もちろん、物品管理官が、これらの事務を行う。

物品出納官になりうる者は、物品管理官の「所属する各省各庁所属の職員」である。すなわち、物品管理官と同じ省庁に所属する職員である。したがって、法第八条第二項の規定によって、各省各庁（例えば、内閣府）の長が他の各省各庁（例えば、国土交通省）の職員を物品管理官とした場合には、その職員と同一省庁（国土交通省）の職員だけが、物品出納官として委任されうることになる。

物品出納官についても分任官の制度があり（法第九条第三項）、また、物品出納官及び分任物品出納官についてそれぞれ代理官の制度（法第一〇条の二第一項）もある。

さらに、官職指定の方法によって、物品出納官（分任官を含む。）及び物品出納官代理を置くことができることも物品管理官の場合と同様である（法第九条第四項及び令第八条）。

五　物品供用官（法第一〇条）

物品管理官は、必要があるときは、政令で定めるところにより、その所属する各省各庁所属の職員に、物品の供用に関する事務を委任することができる（法第一〇条第一項）。この委任を受けた職員が、物品供用官である（同条第二項）。

「供用」については、すでに第二章第一節において説明した（法第二条第二項参照）が、この過程は現物を取り扱う作用を含むから、この点においては、物品出納官設置の理由として先に述べたところがおおむね当てはまり、したがって、物品出納官と同様に、その設置を原則とすべきであるように思われる。しかし、これも先に述べたところであるが、機関の分立は、事務量の増大を招き、その円滑、迅速な処理を妨げることになりやすい。それに、供用は現物を取り扱う作用そのものだけではなく、また、現物を取り扱う作用と意思決定の作用との分離は、物品出納官の設置を原則的な義務とすることによってほとんど確保されている。さらに、事務量からみても、物品供用官を置くまでもなく物品管理官において十分に供用の事務を処理できる場合が比較的多い。そこで、物品供用官については、「委任するものとする」ではなく、「必要があるときは、……委任することができる」とされたのである。

もっとも、物品の供用は、物品管理における過程のうちでも、実質的には最も重要な過程であって、物品を効率的に運用しその効用を吸収するという物品管理本来の目的は、主としてこの過程で実現される。したがって、単なる補助職員に事務を行わせることをせず、専任の物品供用官を設けるのがより適当であると考えられる場合がしばしばある。物品管理官がみずからの能力だけでは十分にその責めを果たしえないような場合、例えば、現実に物品を供用している場所であるところの支所だとか作業場が物品管理官所在の地から遠隔地にあるとか、供用させる物品の量、金額が著しく大きいとかの場合には、物品供用官に委任することが妥当であろう。

物品供用官になりうる者は、物品出納官の場合と同様である。

物品管理官の物品供用官への委任は、物品出納官への委任の場合と同様、各省各庁の長又は外局の長等の定める基準に従ってなされなければならない（令第七条）。

物品供用官についても、物品管理官、物品出納官の場合と同様、代理官の制度（法第一〇条の二第一項）、官職指定による委任又は代理の制度（法第一〇条第三項及び令第八条）があるが、分任官の制度は設けられていない。これは、必要な場合は、複数の物品供用官を置けば足りるからである。

物品供用官は、委任を受けて物品の供用に関する事務を行うのであるが、物品出納官又は物品管理官から物品の払出しを受けて、物品使用職員に使用のため交付するまでの間、若干の期間物品を手許に保有することがある。このような保有についても保管と名付けることができようが、物品管理法は、これを供用の一過程として考えている。

六　代理官及び代行機関（法第一〇条の二）

物品管理官、物品出納官及び物品供用官は、日常、その在勤している官署において物品の管理に関する事務を処理しているわけであるが、ときには会議に出席する等のため出張することもあり、そのため、数日間在勤官署を留守にするような場合がある。また、病気等のため休まざるを得ない場合もある。しかしこのような場合にも、各官署における物品管理事務に空白を生じさせることはできない。そこで、物品管理官、物品出納官及び物品供用官が現実に執務できない場合には、臨時に、他の者によって物品管理事務を代理して貰うことができる途を開いている。

また、従来、分任官（物品管理官及び物品出納官）については、他の会計機関と同様に、その代理官を設けることとは認められていなかった。しかし分任官を命じられている職員が出張し、または長期の療養を要することにより物品管理事務に支障が生ずるという実態から、昭和四十六年の法改正により、分任官に事故がある場合またはその指定官職にあるものが欠けた場合には、本官の場合と同様に、その代理を設けることができることとされた。

またあわせて、一般行政事務の多様化等に伴い、益々複雑かつ多量化する物品管理事務を円滑かつ迅速に処理することができることとするため、各省各庁の長は、物品管理事務のうち、経常的かつ軽微なものについては、その省庁所属の職員に内部的に委任してその処理を行わせることができる制度（いわゆる内部委任制度）すなわち代行機関を設けることができることとした。

㈠　代理官

代理官の制度は、物品管理官（分任官を含む。）、物品出納官（分任官を含む。）及び物品供用官のすべてについて設けられており、それぞれ、物品管理官代理、分任物品管理官代理、物品出納官代理、分任物品出納官代理及び物品供用官代理と称する（令第八条第五項）。

公法上の代理は、行政機関の権限を特定の場合に他の行政機関がこれに代って行使することであって、その効果は、直接国に帰属する。私法上の代理行為の効果が代理させた本人に及ぶのとは性格を異にする。

代理官は、本官において執務できないという事故がある場合に本官の事務を代理するわけであるが、代理官の権限、義務及び責任は、代理期間中は本官と全く変らない。

物品管理官（分任官を含む、以下同じ。）の事務を代理させる場合の手続は、物品管理官を委任する場合の手続とほぼ同様であって、官職指定の方法により代理させることができること（令第八条第一項）、各省各庁の長が当該各省各庁所属の職員に物品管理官の事務を代理させる場合には、その任命権限を当該各省各庁所属の外局の長等に委任することができること、各省各庁の長が他の各省各庁所属の職員に物品管理官の事務を代理させようとする場合には、その職員及び官職並びに代理させようとする事務の範囲（官職の方法による場合には、その官職及び事務の範囲）について、当該他の各省各庁の長の同意を得なければならないこととされている（同条第二項）。

また、物品出納官（分任官を含む、以下同じ。）又は物品供用官の事務を代理させる権限は、当該物品出納官又は物品供用官を委任した物品管理官が行うこと（令第八条第三項）とされており、この場合には、物品管理官は、各省各庁の長又はその委任を受けた当該各省各庁所属の外局の長等が定める物品管理上の条件を勘案して定める基準に従ってしなければならないこととされている（同条第四項）。

なお、本官がいなくて、代理官が事務を代理している期間中において物品管理官、物品出納官又は物品供用官が交替する場合は、引き継ぐべき物品管理簿、物品出納簿又は物品供用簿及びこれらの関係書類は、代理官が本官を経由することなく直接に後任物品管理官等に引き継ぐものとされている（則第四二条）。

(二)　物品管理官の事務の一部を処理する代行機関

国の会計制度においては、歳入徴収官、物品管理官その他の会計機関を設け、それらの機関が統一的、集中的にその所掌事務を処理することとしている。しかし、一般行政事務の多様化等に伴ってその取り扱う物品の種類も複雑かつ多量となり、さらには高度な専門的知識も必要とされる傾向にあり、これら物品の管理に関する事務も従前にも増して適正かつ効率的に行うことが要請され実体的にも難しくなっていた。

こういった情勢を背景として、昭和四十六年の「許可、認可等の整理に関する法律」により、物品管理法の改正が行われ、同法第十条の二第二項（新設）において、「各省各庁の長は、必要があるときは、政令で定めるところにより、当該各省各庁所属の職員又は他の各省各庁所属の職員に、物品管理機関（物品管理官または分任物品管理官およびこれらの代理官。以下「物品管理機関」と略称。）の事務の一部を処理させることができる。」こととなった。この物品管理機関の事務の一部を処理する職員を代行機関と呼んでいる（令第九条第五項）。

各省各庁の長が、法第十条の二第二項の規定により物品管理機関の所掌に属する事務の一部をその所属の職員又は他の各省各庁所属の職員に処理させようとする場合には、その処理させようとする事務の範囲を明らかにしなければならない（令第九条第一項）。

この処理させることができる事務の範囲は、法律では、物品管理機関の所掌する事務、すなわち物品の取得、保管、供用、処分等の物品の管理に関する事務の一部とされているだけであるが、具体的な運用基準としては、当該物品管理官の所掌する事務から、物品出納官の所掌する物品の出納（出納命令にかかる事務を除く。）及び保管に関する事務並びに物品供用官の所掌する事務を除く事務のうち、経常的かつ軽微なものに限ることとしている。

この点については、大蔵大臣通達（昭和四六年一一月二六日蔵計第三五六八号）において、各省各庁の長は、経常的な物品管理事務で軽微なもの又は法令の規定に基づき物品の取得または処分をすることが義務づけられている事務について定めるものとするというように指示しているところである。

具体的には、次のような事務が該当するものとして考えられるところである。

例えば、消耗品、一定価格または一定数量以下の備品等にかかる

（i）　物品出納官または物品供用官に対する受入命令（払出命令）又は受領命令（返納命令）に関する事務

（ii）　契約等担当職員に対する物品の取得または売払、貸付等の処分請求若しくは修繕、改造等の措置請求に

関する事務

（iii）物品の管理に関する計画の策定の事務

（iv）分類及び細分類の標示等に関する事務

等が考えられる。しかし、物品管理機関が各省各庁の長に毎年度報告する「物品増減及び現在額報告書」の作成、物品管理簿の登記、物品の亡失又は損傷等の報告、会計検査院への「物品管理計算書」の作成等については、前記大蔵大臣通達によりその事務の分割処理が困難であることから除くものとしている。これら除外されている事務については、物品管理機関は適当な補助者にこれを行わせることとし、みずからの責任において処理することとなる。

このように、代行機関に処理させることができる物品管理官の事務の範囲を命令系統の事務にのみ限定し、物品の出納保管又は供用といった執行系統の事務を除いている理由は、本来、物品のような有体財産の出納及び保管にあたっては、その出納保管の対象となる物品を自己の占有下に置いて適確に出納保管をすることが必要であり、これら物品の出納又は保管という執行系統の事務にまで代行機関処理させるという内部委任制度を認めることとすると、その責任の分界が不明確となるおそれがあり、また、物品管理制度上、物品の出納及び保管並びに供用に関する事務については、法第九条及び第十条により、物品管理機関は必要に応じて物品出納官又は物品供用官を設置して処理させることができることとし、当該事務についてせつ然たる事務区分をし、専担的にそれぞれの機関が責任をもって処理することとしていることに求められる。

代行機関の設置手続等については前述のように、各省各庁の長は、法第十条の二第二項の規定により、当該各省各庁所属の職員又は他の各省各庁所属の職員に、物品管理機関の事務の一部を処理（代行）させようとするときは、その処理させる事務の範囲を明らかにしなければならないこととされているほか、次のような手続が定められている。

自省庁所属の職員に物品管理機関の事務の一部を処理させようとする場合には、事務簡素化等の見地から各省各庁の長は、当該事務を処理させる職員（官職を指定することによりその処理させる職員を命ずる場合は、その官職）の範囲及び処理させる事務の範囲を定めて、当該自省庁所属の外局の長等に、その所属の職員に対して物品管理機関の事務の一部を処理させる権限を委任することができることとしている（令第九条第三項）。

また、各省各庁の長又はその委任を受けた外局の長等が代行機関を任命しようとする場合は、会計機関の任命の場合と同様に官職を指定する方法により行うことができる（令第九条第三項）。

代行機関が、他の各省各庁所属の職員である場合には、各省各庁の長は、その処理させようとする職員（官職指定の方法による場合は、その官職）及び処理させようとする事務の範囲について、当該他の各省各庁の長の同意を得なければならない（令第九条第四項）。

各省各庁の長が定める代行機関となるべき職員又はその官職の範囲は、物品管理機関の所掌する物品の管理に関する事務のうち、処理させようとする主要な事項について当該物品管理機関を責任をもって補佐することができる職員又はその官職（例えば、物品管理機関が部長である場合は、直下の主管課長等）とし、処理させようとする事務の内容の如何によっては、複数の代行機関を設ける（例えば、契約等担当職員に対する特定の範囲の物品の取得請求については、筆頭補佐とし、物品の受入れ又は払出命令等については、担当係長に処理させる）ことが認められている（前記大蔵大臣通達）。

物品管理機関と代行機関の事務配分は、法第十条の二第二項において「物品管理官の事務の一部を処理させることができる。」と規定していること及び制度的にわざわざ物品管理機関とその代行機関を併存させているのであるから、代行機関に物品管理機関の事務の全部又は全部に近い範囲の事務を処理させることは適当ではない。代行機関が行うべき事務として各省各庁の長又はその委任を受けた外局の長等から配分された範囲内の事務であっても、代行機関は、

(ⅰ) 代行機関がその所属する物品管理機関において処理することが適当である旨の申出をし、かつ、当該物品管理機関がこれを相当と認めた事務

(ⅱ) 物品管理機関がみずから処理する特別の必要があるものとして特に指定した事務

については、その事務処理を行わないものとし、当該物品管理機関みずからがこれを行うこととしている（令第九条第六項）。

これは、各省各庁の長等が所管の物品管理事務を統括するという立場から物品管理機関の事務の内部委任に関し、代行機関が処理することが適当であると認めて定めた事務の範囲が、実際の運用の段階において物品管理機関又は代行機関の恣意により自由に変動することとなるならば、折角、内部委任制度を設けた趣旨が没却され、また、両者の間における責任の分界を不明確なものとするおそれがあるので、これを避けようとするために設けられたものである。

代行機関は、各省各庁の長又はその委任を受けた職員から処理すべきものとされた事務を処理するときは、決議書上の所属の物品管理官又は上級の代行機関の決裁欄を抹消したうえ、みずからの決裁欄に決裁印等でもってその

決裁をしたことを明らかにしておかなければならない（前記大蔵大臣通達）。

また、代行機関が処理すべきものとされた範囲内の事務であってもその所属の物品管理機関において処理することが適当であるとされたため、代行機関みずからはその処理をしないこととなった事務については、決議書上にその旨を表示しておくものとされている（前記大蔵大臣通達）。

代行機関は会計機関に従属し、代行機関が、みずからが処理することとされた物品管理機関の処理すべき事務の一部を処理する機関である。したがって事務の処理にあっては、当該物品管理機関に所属し、当該物品管理官の事務を処理する関係にあるので、対外的には、その物品管理機関の名において事務を処理することとされている（令第九条第五項）。代行機関は、このように対外的には所属会計機関の名においてその事務を処理するものであるが、対内的には、その処理する事務の範囲内においては、会計機関とは独自にその判断と責任において事務の処理を行う機関ということとなる。

なお、会計機関の補助者は、対内的にも、対外的にも自己の判断によって事務を処理することができないものであり、あくまでも、所属する会計機関の事務を補助する立場において、その処理に当たるものであるので、この点について、代行機関とは異なるものである。

物品管理職員の弁償責任については、法第三十一条において、物品管理官、物品出納官、物品供用官及びこれらの代理官、分任官（但し、物品供用官は除く。）並びに補助者、さらには物品を使用する職員にいたるまで、故意又は重大な過失により国の物品を亡失し、又は損傷等をすることにより、国に損害を与えたときは、その弁償の責めに任じなければならないこととされている。代行機関についても、その職務の性格からして当然これらの機関等と同様に、その事務を処理するについて故意又は重大な過失により国の物品を亡失し、又は損傷等をすることにより国に損害を与えたときは、弁償の責めに任じなければならないこととされている（法第三一条第一項第五号）。

また、代行機関は、法第三十一条第一項の規定により同項に定める「物品管理職員」に含まれるものであるから、当該代行機関がその責に任ずることとなる弁償責任にかかる弁償命令等に関する物品管理法等の規定が、他の物品管理職員と同様に適用されることとなるものである。

七　都道府県の行う事務（法第一一条）

国と地方公共団体は別個のものであり、それぞれ独立の人格を有するが、法律又は政令により地方公共団体が処理することとされる事務のうち、国が本来果たすべき役割に係るものであって、国においてその適正な処理を特に確保する必要があるものがあり、これを法定受託事務という（地方自治法第二条第九項、別表第一）。これに伴ってこれらの事務処理に必要な物品の管理事務もこれらの機関が行うことが適当な場合がある。

法第十一条では、各省各庁の長は、物品の管理に関する事務を都道府県の知事又は知事の指定する職員が行うこととすることができるものとし、この場合には、物品管理法その他の物品の管理に関する法令の当該事務の取扱いに関する規定を準用するものとしている。準用されるのは事務の取扱いに関する規定だけであるから、それとは直接関係のない規定、例えば、令第四十七条第二項第四号の小規模官署の適用除外等の規定の準用はない。

準用されることによって、事務を行うこととされた都道府県の知事又は知事の指定する職員が、国の場合の物品管理官に相当する事務を行うこととなり、その下に物品出納官、物品供用官に相当する機関が設けられ、これらの機関の担当する事務が行われることになる。

物品の管理に関する事務を都道府県の知事又は知事の指定する職員が行うこととなる事務として定める場合の手続は次のとおりである。

各省各庁の長は、都道府県の知事又は知事の指定する職員が行うこととなる事務の範囲を明らかにして、当該知事又は知事の指定する職員が物品の管理に関する事務を行うこととなることについて、あらかじめ当該知事の同意を求めなければならない（令第一〇条第一項）。

都道府県の知事は、各省各庁の長から同意を求められた場合には、その内容について同意をするかどうかを決定し、同意をするときは、知事が自ら行う場合を除き、事務を行う職員を指定する。この場合において、当該知事は、都道府県に置かれた職を指定することにより、その職にある者に事務を取り扱わせることができる（令第一〇条第二項）。

都道府県の知事は、同意をする決定をしたときは同意をする旨及び事務を行う者（都道府県に置かれた職を指定した場合にはその職）を、同意をしない決定をしたときは同意しない旨を各省各庁の長に通知する（令第一〇条第三項）。

法定受託事務ではなく、都道府県が事務又は事業を行う場合は、たとえその事務又は事業が国の要請に基づくものであり、かつ、その事務又は事業に使用される物品が国の所有に属する物品であったとしても、物品管理事務は、国とは別個の隔離されたところで行われることになる。公共事業が都道府県によって行われ、その事業の遂行のために国の物品が貸し付けられるような場合がこれに当たるが、このような場合は、国としては、物品を貸し付けることは処分になるのであり、国がその物品について、目的完遂を最後まで見届けようと考えるならば法第十一条によって処理するのではなく、契約条件でこれを規制すればよい。国からの委託費によって都道府県が取得する物品についても、貸し付けの場合と同様のことが言える。委託費による取得物品の管理も、やはり委託契約の条件により規制されるものである。

八　総括機関としての財務大臣（法第一二条）

各省各庁の固有の事務又は事業がそれぞれ質的に異なるとしても、これを実現するための財務についての行政は、国全体を包括する統一的な体系が必要なことは容易に理解できるところである。

予算の執行については、会計法第四十六条に、財務大臣の強力な執行監査及び指示の権限が規定されている。すなわち、財務大臣は、各省各庁に対し、収支の実績若しくは見込みについて報告を徴し、予算の執行状況について実地監査を行い、又は必要に応じ閣議の決定を経て予算の執行について必要な指示をなすことができる。国有財産についても、国有財産法第七条は、財務大臣を国有財産の総括機関としており、同法第四条は、国有財産の総括とは、国有財産の適正な方法による管理及び処分を行うため、国有財産に関する制度を整え、その管理及び処分の事務を統一し、その増減、現在額及び現状を明らかにし、並びにその管理及び処分について必要な調整をすることをいうものとしている。また、同法第十条では、これらの条文に規定されていることを前提に、総括機関としての財務大臣の具体的な権限行使について規定している、すなわち、財務大臣は、必要があると認めるときは、各省各庁の長に対し、その所管に属する国有財産について、その状況に関する資料若しくは報告を求め、実地監査をし、又は用途の変更、用途の廃止、所管換その他必要な措置を求めることができる（国有財産法第一〇条第一項）。さらにまた、閣議の決定を経て、各省各庁の長に対し、用途の変更、用途の廃止、所管換その他必要な指示をすることができる（同法第一〇条第三項）。

物品管理法は、会計法、国有財産法と同一の考え方に立ち、物品についても、財務大臣を国の総括機関とし、調整的機能を果たさせることとしている。

物品の管理事務は、本体である各省各庁の固有の事業又は事務と実際には密接に関連しているので、総括権限の行使には慎重な配慮を必要とする。物品管理事務は行政に属するものであり、財務大臣の総括権は、国会又は裁判所のような憲法上行政府とは独立した機関に対しても及ぶものであるが、物品が現実に立法権、司法権の行使の裏付けとなるものである以上、その総括権限の行使に当たって、これら独立機関の独立性を阻外することがあってはならない。

財務大臣の総括機関としての機能については、法第十二条にかなり具体的に明示されている。第一項は総括事務の内容について、第二項は第一項の当然の帰結としての、総括調整権限に基づくところの指示等について規定している。

総括事務の内容を列記すれば、

(1) 物品の管理に関する制度を整える。
(2) 物品の管理に関する事務を統一する。
(3) 物品の増減及び現在額を明らかにする。

(4)　物品の管理について必要な調整をする。

ということになる。(1)は制度の問題であり、他の財務会計制度一般の在り方と関連して検討されなければならないので、財務省主計局でその実務を担当している。(2)～(4)の事務についても同様に主計局において事務を処理している。

(1)～(4)に基づき、財務大臣の具体的な総括調整権限が行使されるわけであるが、そのうち代表的、定型的なものについては、法第十二条第二項に規定している。すなわち、

(1)　各省各庁の長に対し、物品の状況に関する報告を求める。

(2)　各省各庁の長に対し、職員に実地監査を行わせる。

(3)　閣議の決定を経て、各省各庁の長に対し、分類換、管理換その他必要な措置を求める。

こととされている。(2)の職員とは、財務省所属の担当職員をいう。実地監査については則第四十五条に規定があって、この監査は、別に定める監査要領に従って行うべきこと、また、様式の定められた監査証票を携帯し、関係者から請求があったときは、呈示すべき旨を明らかにしている。

(3)に「閣議の決定を経て」とあるが、内閣法（第四条、第六条）によれば、国務大臣は、案件の如何を問わず、内閣総理大臣に提出し、閣議を求めることができ、内閣総理大臣は、閣議決定の方針に基づき行政各部を指揮監督することとされているから、特に法律の上で「閣議の決定を経て……できる」と書かなくても、必要があれば、財務大臣は、閣議に案件を提出することができ、また事実上の方針に基づいて必要な措置を求めることができる。にもかかわらず、法第十二条に「閣議の決定を経て」ということを書いたのは、閣議決定を経れば、内閣総理大臣が

指揮監督せずに、法律に規定された限度において、財務大臣が必要な措置を求めることができるという意味と、内閣総理大臣が当然に指揮監督しうる行政各部以外の各省各庁の長（たとえば衆議院議長等）に対しても、国庫大臣たる財務大臣たる地位において必要な措置を求めることができるという意味とをもたせるためである。

第三節　物品管理職員等の義務

物品管理機関を具体的に充足するのは、主として国家公務員である。物品管理職員は、国家公務員である以上、他の行政事務を担当する職員と同様、国家公務員法上の規制を受けるが、単にそれのみにとどまらず、財産管理事務担当職員として特別な職務基準に服さなければならない。

まず、法第十七条は、「物品の管理に関する事務を行う職員は、この法律その他の物品の管理に関する法令の規定に従うほか、善良な管理者の注意をもってその事務を行わなければならない」としている。

ここにいう「物品の管理に関する事務を行う職員」とは、法第三十一条に規定する物品管理職員、すなわち、物品の管理に関する事務を委任若しくは行うこととされ、代理し、代行し又は分掌する機関としての職員及びその補助者を意味する。昭和四十年の改正前においては、後述するように、補助者には弁償責任を課しておらず、したがって、法第三十一条の「物品管理職員」に補助者は含まれていなかった。そのために、法第十七条は、この語を用いることができず、「物品の管理に関する事務を行う職員」なる語をことさらに使用したのであった。改正によって両者の概念は一致することになったのであるが、本条を改正して用語を統一することは、その実益が乏しいとして、見送られた。この職員は、管理に関する事務を行う者に限定されるから、法第十八条にいう「物品に関する事務を行う職員」よりは範囲が狭い。物品に関する事務を行う職員には、物品の管理に関する事務を行う職員のほか、契約等担当職員等間接的な関連を有する職員も含まれる。また、念の為ここで説明しておくが、令第二十五条に規定する「物品に係る事務又は事業を行う職員」の概念は最も広く、国有財産を管理する職員のごとき、物品たる財産形態との間に関連を生じうべき財産を取り扱う職員も含まれる。

物品の管理に関する事務を行う職員の守るべき注意義務は、「善良な管理者の注意」を基準としている。いわゆる善管注意義務である。この観念は、元来私法上の観念であって、民法では、第二百九十八条第一項で留置物の保管義務として、第四百条で債権の目的たる特定物の保管義務として、また第六百四十四条で委任の場合における受任者の注意義務として、何れも善良なる管理者の注意をもってすることを要求している。これらの規定から明らかなように、善管注意義務は、独立対等の人格者間における法律関係であって、国とその機関ないし職員との間を直ちに律するものとして取り上げることには若干問題もあるが、物品管理事務の特殊性から、国と物品管理に関する事務を行う職員との間に委任類似の関係を擬制し、便宜この観念を使用したものと考える。

善良な管理者の注意の程度は、当該職業又は地位にある人として通常要求される注意であって、これを欠く場合は過失となる。ここで注意すべきは「自己の財産に対するのと同一の注意」（民法第六五九条）あるいは「自己のためにするのと同一の注意」（民法第八二七条）と異なって、当該職業とか地位にある人なら普通誰でもがそうしたであろうと期待されるところを基準にしており、個人差を認めていない点である。

法第十七条は「この法律その他の物品の管理に関する法令の規定に従うほか」という言い方をしており、これらの法令に従うこと自体が善良な管理者の注意義務の一態様と解される。法が、特定の法令に従わせることをもっては足りるとせず、このような一般的な義務を課したことは、法令に欠けているところを補うということと、物品管理に関する事務を行う職員の義務は、単純な主観的努力では不十分であるということを示している。

善良な管理者の注意を怠った場合は、過失となり職務上の義務違反となるが、これは、直ちには法第三十一条の弁償責任とはつながらない。詳細は後述するが、物品管理職員の弁償責任の基準は、故意又は重大な過失に置かれている。

次に、法第十八条は、関係職員の行為制限について規定している。第一項で「物品に関する事務を行う職員は、その取扱に係る物品（政令で定める物品を除く。）を国から譲り受けることができない」とし、第二項で「前項の規定に違反してした行為は無効とする」としている。

「物品に関する事務を行う職員」については前に説明したとおり、第十七条の「物品の管理に関する事務を行う職員」より範囲が広い。

同様の趣旨の規定は、国有財産法第十六条にも存する。ただ、国有財産法とは若干の差異がある。

第一に、国有財産法では、すべての国有財産について交換、譲受けの制限をしているのに対し、物品管理法では、政令で定める特定の物品については譲受けの制限をしていない点である。国有財産については、その性質上、国と取扱職員との間の取引は頻繁に生ずるものではなく、反面、その額は通常大きな額が予想され、両者の間の取引を是認すること自体が一般の不信を招くおそれが大きく、公正な取扱いを期し難いので、かかる取引を全面的に禁止している。これに対し、物品には、たとえ国と関係職員との間の取引が行われたとしても、その公正性を欠くおそれのない場合が比較的多く考えられる。例えば、価格が法令の規定によって一定している物品の売買などの場合であるが、このような場合は、強いて譲受制限をする必要はない。これらの物品にどのようなものがあるかは令第二十三条に規定されているが、詳しいことは後述する。

物品に関する関係職員の行為制限が国有財産に関するそれと異なる第二は、制限される行為の態様である。国有財産法では、国有財産については、譲受けのみならず、自己の所有物との交換をも禁止している（国有財産法第一六条）。これは、国有財産法が財政法第九条第一項の特例として明文をもって交換を認めている（国有財産法第二七条）ので、この規定と対応し、関係職員に係る交換を禁止しているのである。これに対し、法第十八条第一項が交換を禁止していないからといって、物品管理法は関係職員に係る物品の交換を容認していると考えてはならない。物品管理法は、物品の交換は、物品管理法が規制する分野ではなく、直接財政法第九条の規定が働く分野であると考えて、これについて触れなかっただけなのである。

行為制限の規定に反して行われた行為は、単にその違法性ないしは不当性が批難されるにとどまらず、絶対的にその行為が無効とされる（法第一八条第二項）。もっとも、民法では、動産取引の安全性を確保するため、平穏公然に動産の占有を始めた者が善意かつ無過失のときは、即時にその動産の上に行使する権利を取得することを認めている（民法第一九二条）ので、国の物品を譲り受けることのできない職員からさらに譲り受けた第三者が、この民法の規定によって保護されるべき実態を備えている者であるなら、国は当該移転行為の無効をその第三者に対しては主張しえないことになる。なぜなら物品管理法は、民法第百九十二条の規定を適用しないこととしているわけではないし、そもそも物品管理法は国の内部における会計処理のための手続法規であるからである。

譲受制限の解除されている物品は、令第二十三条に具体的に規定されている。これらの物品は、大きく二つのグループに分けることができる。

その第一は、物品の品質、規格、価格等の属性が法令上一定されているものがある。同条第一号に規定する物品、すなわち、収入印紙、雇用保険印紙、健康保険印紙、自動車重量税印紙、特許印紙、自動車検査登録印紙その他一般に売り払うことを目的とする物品でその価格が法令の規定により一定しているものがこれである。これらの物品については、価格の決定等契約の条件について不正が発生するおそれはなく、関係職員が譲り受けても、一般国民が譲り受けるのと同様、取引の公正性には何ら問題がないと考えられるので、譲受けを制限しないこととしている。

第二のグループは、同条第二号に規定されている一般に売り払うことを目的とする物品（商品）その他の物品で各省各庁の長が財務大臣と協議して定めるものである。商品と然らざる物品とに区分しているが、これには、商品の場合は、継続的な商取引によって経済原則が働きおのずから取引上の条件は明確になる点を考慮し、その具体的な財務大臣の承認にあたっては一括して取り扱われ、また、若干の弾力性をもって協議条件が検討されるようなニュアンスがうかがわれる。現在まで各省各庁の長からの協議により、譲渡制限を解除された物品としては、法務省所管の刑務所の作業により生産される物品、少年院及び婦人補導院の職業補導により生産される物品、文部科学省所管の教育研究施設等において生産される特定の生産物がある。

第四節　物品管理職員等の責任

物品の管理に関する事務を行う職員も、物品を使用する職員も、公務員であるから、故意又は過失により違法に物品を亡失損傷しその他国に損害を与えた場合には、公務員法の定めるところによって、懲戒処分を課せられる。場合によっては、背任、業務上横領等の罪に当たって、刑事上の処分を受けることも、もちろんありうる。

物品管理法は、これとは別に、会計法及び予算執行職員等の責任に関する法律の例にならい、国の財産損害補てんの見地から、一定の要件のもとに、これらの職員に弁償責任を課することとしている。法第三十一条の規定がそれである。

これらの弁償責任の法的性質如何、さかのぼっては、一般に公務員が義務違反により国に損害を与えた場合について民法の規定の適用があるかの問題に関しては、戦前からさまざまの説が唱えられ、しかも、そのどれをとるかによって具体的な事案の処理に相当の差異を生ずるものであるにもかかわらず、いまだに定説と認むべきものが存在していない。一応の通説に従えば、次のとおりである。

国家と公務員との関係は、公法上の関係であって、民法の規律すべきところではない。したがって、公務員が職務を行うについて国に損害を与えた場合にも、民法上の損害賠償責任は発生しない（公務員が職務の遂行と無関係に損害を与えた場合は、話は別である。この場合の国損は、公務員の身分とは無関係であり、その行為は私人としてのものであるにすぎないから、当然、民法の規定が適用されることになる。もっとも「職務を行うについて」であるかどうかを決めるメルクマールが、また、議論の種である。)。したがって、会計職員に課せられる弁償責任は、会計法等が特に創設した公法上の責任であるということになる。これに関する時効は、会計法第三十条の規定に従い、また、これに関する訴訟には、行政事件訴訟法が適用される。

弁償責任を私法上のものとみる説は、公務員の職務行為による損害について一般に民法の規定の適用があるとし、弁償責任を定める諸規定は、その実質においては確認的なものであるにすぎないとする。しかし、この説は、物品管理法が軽過失による損害を弁償責任の対象から除外していることをどのように説明するのだろうか。この損害には後見的に民法の規定が適用されるとするならば、特にこれを除外しようとした物品管理法の意図は生かされないことになるし、同法の規定が優先するため民法の規定の適用はないとするならば、物品管理法のこの規定は物品管理職員等の責任を他の一般の公務員のそれよりも特に軽減するためのものであると解さざるをえないことになって、やはり同法の本来の意図は生かされないことになる。この説をとることは、立法論としてはともかく、解釈論としては無理であるといわざるをえない。

弁償責任の実質は、経済上の損害補てん作用であって、懲戒責任におけるがごとき身分的制裁たる性格をもたない。したがって、これを課せられた職員が退職しても、死亡しても、それだけで直ちに消滅することにはならない。

物品管理職員及び物品使用職員のほかに弁償責任を課せられることとされている国の機関は、出納官吏（会計法第四一条）、分任出納官吏、出納官吏代理及び出納員（同法第四四条）並びに予算執行職員（予責法第二条及び第三条）である。会計法による出納官吏等の弁償責任は軽過失を除外していない点において、他のそれより厳しい。一方、歳入関係の機関及び国有財産管理の機関は、弁償責任を負わせられていない。前者については苛斂誅求を避けるため、後者については弁償責任の実効を考慮したためと説明されている（前述の私法説によれば、この二種の機関も、当然民法上の賠償責任を負うことになる。軽過失による損害も、賠償しなければならない。）

一　物品管理職員の弁償責任

法第三十一条第一項は、物品管理職員の弁償責任を規定している。

「物品管理職員」とは、「物品管理官、物品管理官代理、物品出納官、物品出納官代理、物品供用官、物品供用官代理、物品管理官又は物品管理官代理の代行機関及び第十一条の規定により物品の管理に関する事務を行う都道府県の知事又は知事の指定する職員並びにこれらの補助者」をいう。この「物品管理官」には分任物品管理官が、「物品出納官」には分任物品出納官が含まれる（法第九条第一項、第一〇条の二第一項）。前述のとおり、「物品管理職員」は、「物品の管理に関する事務を行う職員」（法第一七条）と同意義である。

ここで「これらの補助者」とは、行政上の勤務命令によってこれらの物品管理機関の管理行為を補助する職務を与えられた者をいう。例えば、会計課物品係あるいは用度係に配置された職員などがこれにあたると思われる。管理機関からその補助をことさらに命ぜられることは必要でない。この点、予算執行職員たる補助者（予責法第二条第一項第一二号）とは異なるから、注意を要する。

この「補助者」は、昭和四十年の法改正までは、物品管理職員に含められていなかった。物品管理法によって弁償責任を負うのは、管理機関そのものと、後に述べる使用職員だけだったのである。しかし、もともと、管理機関を補助して管理行為を行うことを職務とする職員の行為についても、国がその被った損害を弁償せしむべき必要性については、管理機関の行為に関するのと異なるところはないと思われる。さらに、使用職員とのバランス、予算執行職員たる補助者とのバランスをも考慮し、新しく管理機関の補助者を物品管理職員に加えることとして、弁償責任制度を整備したのである。これによって、法第十七条によって善良なる管理者の注意義務を負う者がすべて、法第三十一条第一項によって弁償責任を負うこととなり、この二つの規定のつながりもよくなったと思われる。なお、この改正の際に、このような意義における補助者にまで弁償責任を負わせるのは酷ではないかとの意見があったが、次に述べるとおり、この責任が生ずるためには、損害を与えた者の故意又は重大な過失が必要であるから、それがこのような補助者であっても、決して酷なことはないであろう。すでに、使用職員すら、同様の責任を負ってきているのである。

物品管理職員が弁償責任を課せられるためには、三つの要件が必要である。

その第一は、「故意又は重大な過失」によることである。

物品管理の職務遂行の基準としては、善良な管理者の注意義務を課している（法第一七条）が、弁償責任の追及は、故意又は重大な過失による場合のみ限られており、いわゆる軽過失については、弁償責任を問わないこととしている。「重大な過失」とは、善良な管理者の注意を甚だしく欠くことをいう。

かかる基準を採用した理由としては、軽過失の責任まで問うことは、他の一般公務員とのバランスを失すること、物品管理職員の職務は、範囲が極めて広く、内容がまた複雑であり、配置人員や給与等の待遇からみて過大な期待をかけるべきでないこと、物品管理のための施設が必ずしも完備していないこと、一般企業にあっては、この種の損失はコスト計算に折り込まれ需要家の負担に転嫁されていること等々の理由が挙げられる。これに対し、金銭会計の場合は、一般的に金庫等の保管施設も完備しており、その容量も限られていて管理が比較的容易なこと、一般に金銭の貴重性の認識が十分浸透していることなどの理由から、会計法第四十一条では、出納官吏が善良な管理者の注意を怠って現金を亡失したときは弁償の責めに任ずべきものとしている。すなわち、軽過失まで責任追求の対象とされているのである。

故意又は重大な過失「により」とは、故意又は重大な過失の存在を原因とし、これの相当因果関係における結果として、というぐらいの意味であろう。

第二の要件は、「この法律の規定に違反して物品の取得、所属分類の決定、分類換、管理換、出納命令、出納、保管、供用、不用の決定若しくは処分（以下「物品の管理行為」という。）をしたこと又はこの法律の規定に従った物品の管理行為をしなかったこと」によることである。かくの如く、物品管理法違反の事実があることを要件とし、その原因の態様は物品の管理行為全般に及んでおり、かつ、その行為の作為たると不作為たるとを問わないこととしている。

「により」の意は、右に述べたところと同様である。

第三の要件は、「物品を亡失し、又は損傷し、その他国に損害を与えた」ことである。この場合の亡失又は損傷は、物品が姿を消し、又はこれに傷がついて当初の形状が失われたすべての場合を指すものではあるまい。通常予想される程度の管理の態様において、例えば、ガソリンが蒸発し、タイヤがパンクし、耐用年数を経た自動車がポンコツとなるというようなものは、規定の趣旨から考えて、ここでいう亡失又は損傷には含まれないと考えるべきである。このような場合は、右の二つの要件からも落ちるのが通常であろうが、「国に損害を与えた」ともいえないのであるから、定型的にこの第三の要件を充たさないと解するのである。結局、ここでいう亡失又は損傷は、事故たる性格をもつそれをのみ意味するということになる。次に注意すべきことは、損害の態様を物品の亡失、損傷に限っていないことである。したがって、観念的には、物品の非効率的な供用によりその物品に当然期待されている本来の効用を十分発揮させなかったような場合も、国に損害を与えたことになる。例えば、使用すれば十分効用を発揮すべき物品を死蔵していたとか、ある物品を庁用に供するよりも事業用に供する方が効用が大であるにもかかわらず、庁用に供してしまう場合などが考えられる。もっとも、このような場合、次に述べるとおり、効用の大小を測定するには価値判断に多大の困難を伴うであろう。

以上の三つの要件がすべて充たされたとき、物品管理職員は弁償の責めに任じなければならないわけであるが、この場合「弁償すべき国の損害の額は、物品の亡失又は損傷の場合にあっては、亡失した物品の価額又は損傷による物品の減価額とし、その他の場合にあっては、当該物品の管理行為に関し通常生ずべき損害の額とする」とされている（法第三一条第三項）。この額の算定は、実務上極めてむずかしい。まず、亡失、損傷の場合であるが、一般的にいって、亡失のときは当該物品の亡失直前における時価に相当する額、損傷のときは損傷直前における時価と損傷直後における時価との差額に相当する額が、それぞれ損害額というべきであろう。この弁償は財産損害の補てんなのであるから、取得価格や、帳簿価格でこの額を決めることはできない。次に、亡失、損傷以外の場合であるが、当該物品の管理行為に関して通常生ずべき損害の額といっても、極めて抽象的で、その範囲は明確ではない。仮に、物品の不適正な供用により国に損害を与えたといっても、基準となる物品の適正な供用とは何であるか、また、それと比較して金額的にどれだけの効用上の差があったのかという判断については、客観的な基準を見出すことはできない。結局、個々の場合に即して、条理を働かせ、具体的に判断するのだというよりほかない。

二人以上の物品管理職員、あるいは物品管理職員と物品使用職員が共同して国に損害を与えた場合は、予算執行職員の場合（予責法第三条第三項）の例にならい、その二人以上の職員が、それぞれの職分に応じ、かつ、その職員の行為が損害の発生に寄与した程度に応じてこの損害額を弁償することとすべきである。

二　物品使用職員の弁償責任

法第三十一条第二項は、物品使用職員の弁償責任について規定している。この規定は、当初第三十四条第一項に置かれていたのであるが、責任に関する規定全体の形を正すため、昭和四十年の法改正においてここに移されたのである。実体については変わっていない。

物品管理法は、主として物品管理機関を主体として、その権限及び義務を定めるという規定の仕方をしており、物品の使用は、その直接の規制の対象としていないから、物品使用職員を取り上げた法第三十一条第二項の規定は、極めて異質なものとして目に映るかも知れない。だが、この法律が使用についてほとんど触れなかったのは、物品の使用は各省各庁の事務、事業の遂行と密接に関連し、融合するものであるから、その実体に応じて、各省各庁において適切な規制が行われるべきであると考えられたためである。しかしながら、物品使用職員は、現実に物品が効用を発揮すべき場において直接これに接触し、この効用の発揮を担当する者である。その物品使用職員が不当に物品を亡失し、損傷するというようなことが常時起こるようでは、適正な供用はおろか、物品の管理行為全部が、全く無意味なものとなってしまう。かかる事態が生じたときにはこれによる損害を補てんさせることとして、その発生を予防することは、各省各庁を通じて要求される最低の線といわなければならない。これが、この規定を物品管理法に設けた趣旨である。

この弁償責任の主体は、「物品を使用する職員」である。だれがこれになるかということは、物品供用官（物品供用官を置かない場合にあっては、物品管理官）が物品を供用する場合に明らかにしておくべきこととされている（令第二七条）。二人以上の職員がともに使用する物品、いわゆる共用物品については、もちろん、その二人以上の職員が「物品を使用する職員」であって、そのうちの主任者（則第二一条）だけがそうなのではない。

物品使用職員が弁償責任を課せられるための要件は、「故意又は重大な過失」によること、「その使用に係る物品を亡失し、又は損傷した」ことの二つである。その意味については、物品管理職員の弁償責任について述べたところを参照されたい。なお、いうまでもないことであるが、使用中の物品が亡失し、損傷した場合、この事実を表面的にみて、直ちに使用職員の責任のみを追及するようなことがあってはならない。物品が使用中であるということは、同時に供用中であるということであり、したがって、このような事故が発生した場合、物品供用官、さらには物品管理官が指示ないし監督の責めを全うしていたかどうかが問題にされなければならない。使用職員とともに、これらの管理機関にも責任があると判断される場合には、先に述べたとおり、これらの職員の職分と、その行為の損害発生に寄与した程度とに応じて、これらの職員のすべてが弁償責任を負うことになる。

この二つの要件が充たされる場合における弁償すべき損害の額は、「亡失した物品の価額又は損傷による物品の減価額である（法第三一条第三項）。これについても、物品管理職員の弁償責任のところで詳述した。

三　弁償責任に関する手続

右に述べた弁償責任は、物品管理職員に係るものについては会計検査院の検定及び各省各庁の長又はその委任を受けた当該各省各庁所属の外局の長等の弁償命令を経て、物品使用職員に係るものについては各省各庁の長又はその委任を受けた当該各省各庁所属の職員の弁償命令を経て、実現される。したがって、現実に事件が発生した場合、これについて会計検査院、各省各庁の長、外局の長等関係の機関に対して必ず通知される必要があり（総括機関たる財務大臣も、かかる事態を把握していなければならず、この通知を受ける必要がある。）、そのための手続が定められていなければならない。以下、この通知の手続と、検定及び弁償命令について説明する。

(1)　亡失又は損傷等の報告及び通知

法第三十二条は、「各省各庁の長は、その所管に属する物品が亡失し、若しくは損傷したとき、又は物品管理職員がこの法律の規定に違反して物品の管理行為をしたこと若しくはこの法律の規定に従った物品の管理行為をしなかったことにより国に損害を与えたと認めるときは、政令で定めるところにより、財務大臣及び会計検査院に通知しなければならない」とし、これを受けて令第三十八条は、「各省各庁の長は、法第三十二条の規定に該当する事実があった場合には、会計検査院又は財務大臣の定めるところにより、その旨をそれぞれ会計検査院又は財務大臣に通知しなければならない」としている。令のこの規定は、昭和四十年の改正前は、「……該当する事実があった場合には、遅滞なく、その旨を会計検査院に通知するとともに、毎年度の四半期ごとに取りまとめて当該四半期経過後一月以内にその旨を大蔵大臣に通知しなければならない。ただし大蔵大臣が定める場合には、大蔵大臣に対しても、そのつど遅滞なく、通知するものとする」となっていた。この規定は、大蔵大臣への通知をとりまとめて行うこととすることによって各省各庁の事務を簡素化したように見えながら、実は、全く別の通知を会計検査院と大蔵大臣に対して行うことを要求しているため、二重の手続を必要とし、かえって事務を煩雑にしていた。そこで、会計検査院と大蔵大臣（現財務大臣）とが同一の定めをすることを期待しつつ、これを現行の規定に改めたのである。

会計検査院と財務大臣とは、事実、同様の内容の定めを設けている（付録の通達参照）。それによれば、使用中の物品の亡失、損傷については、四半期ごとにとりまとめて通知することができるとし、また、そのつど通知すべきこととしているその他の事故についても、一定の要件にあたるものは、簡易な形式による通知を認めている。

各省各庁の長によるこの通知の前段階として、各省各庁の内部における長への報告の手続が必要である。これについては、令第三十七条並びに則第三十七条及び第三十七条の二に規定している。

まず、「物品を使用する職員は、その使用中の物品が亡失し、又は損傷したときは、すみやかにその旨を物品供用官（物品供用官が置かれていない場合にあっては、物品管理官）に報告しなければならない」（令第三七条第一項）。みずから亡失し、又は損傷した場合であるかどうかを問わない。

次に、「物品出納官又は物品供用官は、その保管中若しくは供用中の物品が亡失し、若しくは損傷したとき、又は法の規定に違反して物品の出納、保管若しくは供用をし、若しくは法の規定に従った物品の出納、保管若しくは供用をしなかった事実があるときは、すみやかにその旨を物品管理官に通知しなければならない」（令第三七条第二項）。この規定により物品供用官がその供用中の物品の亡失又は損傷の報告をする場合には、物品使用職員に係る分とそれ以外の分とに区分していなければならない（則第三七条）。これは、物品使用職員の亡失、損傷は、物品管理職員の亡失、損傷等と以後の取扱いに差異があるので、この段階で明確に区分しておく必要があることによる。また、物品出納官は、分任物品出納官のこの規定による報告をとりまとめて物品管理官に報告するものとされている（則第三七条の二第一項）。物品出納官の本官と分任官との関連は、この規定において初めて顕在化しているわけである。

さらに、「契約等担当職員は、その締結した契約（物品の処分の原因となる行為で契約以外のものを含む。）でこれにより処分された物品を後日返還すべきことをその内容又は条件としているものにより処分された物品が亡失し、又は損傷した事実があると認めるときは、すみやかにその旨を物品管理官に通知しなければならない」（令第三七条第三項）。この通知は、物品管理官が契約等担当職員を兼ねる場合には、省略することができる（同条第五項）。ここで「契約等担当職員」とは、国のために契約その他物品の取得又は処分の原因となる行為をする職員をいう（法第一九条第一項、令第一条）。この令第三十七条第三項の規定は、要するに、所有権は国に属するが、貸付、貸与等の形により、一時国以外の者の管理下に置かれている物品が亡失、損傷した場合の通知義務を定めるものである。

次いで、「物品管理官は、前三項の報告又は通知等により、その管理する物品が亡失し、若しくは損傷した事実又は当該物品について物品管理職員が法の規定に違反して物品の管理行為をし、若しくは法の規定に従った物品の管理行為をしなかった事実があると認めるときは、すみやかにその旨を各省各庁の長及び法第三十三条第一項の委任を受けた外局の長等に報告しなければならない。この場合において、物品が亡失し、又は損傷した事実が物品を使用する職員に係るものであるときは、物品管理官は、第四十条の委任を受けた職員にも、これをしなければならない」（令第三七条第四項）。「前三項の報告又は通知等」には、これまでに述べた物品使用職員、物品出納官、物品供用官及び契約等担当職員からの報告又は通知のほかに、態様の如何を問わず、物品管理官にこれらの事実の存在を教える一切の手段が含まれる。みずからの発見、検査院の報告、第三者の連絡等、要するに何でもよいのである。「物品管理職員」の中には、当該物品管理官も含まれる。「法第三十三条第一項の委任を受けた外局の長等」については、後に詳述するが、会計検査院の検定前に物品管理職員に対して弁償命令を発する権限を各省各庁の長から委任された当該各省各庁所属の外局の長等がこれである。「第四十条の委任を受けた職員」についても後に述べるが、物品使用職員に対して弁償命令を発する権限を各省各庁の長から委任された職員がこれである。上記の外局の長等とこの職員とは異なることがありうるので、この令第三十七条第四項は、特に後段を設けて、物品使用職員に係る亡失、損傷については、この職員にも報告することを義務づけたのである。この場合、上記の外局の長等に対する報告は不要のようにも思われるが、使用中の物品は同時に供用中の物品であり、使用職員の責任とともに物品管理職員の責任も追及される可能性があるので、あえて除かなかったのである。なお、この規定による報告は、前述の各省各庁の長から会計検査院及び財務大臣への通知の場合と異なり、「国に損害を与えた」ということを要件としていないから、注意を要する。また、物品管理官が分任物品管理官のこの規定による報告をとりまとめてこの報告をすべきこととされている（則第三七条の二第二項）のは、物品出納官の則第三十七条の二第一項の場合と同じである。

以上のような内部手続によって各省各庁の長に達した情報が、初めに述べたように、改めて各省各庁の長の手によって会計検査院及び財務大臣のところに届けられるわけである。

(2)　検定及び弁償命令

会計検査院法の規定によれば、会計検査院は、物品管理職員が物品管理法の規定に違反して物品の管理行為をしたこと又は同法の規定に従った物品の管理行為をしなかったことにより物品を亡失し、又は損傷し、その他国に損害を与えたときは、故意又は重大な過失により国に損害を与えた事実があるがどうかを審理し、その弁償責任の有無を検定する（会計検査院法第三二条第二項）。そして、会計検査院が弁償責任があると検定したときは、本属長官その他物品管理職員を監督する責任のある者は、この検定に従って弁償を命じなければならない（同条第三項）。検定は、検査官会議で決せられ（同法第一一条第六号）、行政手続としては最終の判断を示すものである。もっとも、再検定をすることができる旨の規定はある（同法第三二条第五項。この規定は、検定を受けた者の不利に再検定をすることができる旨だけを定めるものであるが、有利に再検定をすることは、条理上当然に認められることであるので、特別の規定を設けなかったのであろう。）。物品管理職員にとって酷であるように思われるかも知れないが、有責検定に従って発せられる弁償命令は単に弁償を命ずるだけの処分であって、執行力をもつものではないから、当該物品管理職員は弁償命令に不服がある場合は、これに応じないことができるのである。この場合、結局は、訴訟手続、すなわち裁判によって黒白が決せられることになる。

ところで、物品管理法は、会計法第四十三条第一項及び予責法第四条第三項の例にならい、各省各庁の長又はその委任を受けた当該各省各庁所属の外局の長等は、物品管理職員が弁償の責めに任じなければならないと認めるときは、会計検査院の検定前においても、その物品管理職員に対して弁償を命ずることができると規定している（法第三三条第一項）。この規定は、前に述べた会計検査院法第三十二条第三項との関係を取り上げ、弁償命令は検定後にそれに従ってしか発することができないのではないことを確認的に明らかにしたものである。場合によっては、証拠、支払能力等の関係で、会計検査院の検定を待つことなく弁償命令を発するべき実体的必要性のあることを考慮したものである。この規定により検定前の弁償命令を発せられた物品管理職員は、その責めを免れるべき理由があると信ずるときは、行政不服審査の手続をとることができるほか、その理由を明らかにする書面を作成し、証拠書類を添え、この規定による委任を受けた外局の長等及び各省各庁の長を経由してこれを会計検査院に送付し、その検定を求めることができる（令第三九条第一項）。この場合においても、命ぜられた弁償は猶予されない（同条第二項）。もっとも、猶予されないといっても、先に述べたとおり、弁償命令に執行力がないことについては、変りはない。

検定前の弁償命令を発した場合において、会計検査院が物品管理職員に対し、弁償の責めがないと検定したときは、その既納に係る弁償金は、もちろん、直ちに還付しなければならない（法第三三条第二項）。

物品使用職員については、検定の制度がない。会計検査院は国の会計経理について検査する機能を営むものであるが、物品使用職員の行為は直接には物品の管理ないし会計経理一般とは関連を有しないからであると説明されている。

各省各庁の長又はその委任を受けた職員は、物品使用職員が弁償する責めに任じなければならないと認めるときは、当該物品使用職員に対して弁償を命じなければならない（令第四〇条）。ここでいう「その委任を受けた職員」は、物品管理職員に対する弁償命令の場合（法第三三条第一項、令第二条）と異なり、「外局の長等」には限られていない。後者は昭和四十年の改正によって加えられたものであるが、前者はそれ以前から存在し、改正前においてすでに外局の長等以外の者がこの委任を受けているという実績があったため、これを尊重して、あえて統一しなかったのである。委任を受ける職員の範囲は規定上は制限がないわけであるが、事柄の性質から考えて、各省各庁の長から人事権を委任されている段階の職員がこれにあたるべきであろう。この職員が外局の長等ではなく、かつ、外局の長等が法第三十三条第一項の委任を受けている場合は、両者は連絡を密にして弁償命令を発しなければならない。物品使用職員に弁償責任が課せられるべきときには、同時に、物品管理職員にもこれが課せられるべきことがあるからである。なお、物品使用職員に対する弁償命令は、その性質において物品管理職員に対するそれと違いはない。

第四章　基本的制度

以上、第二章において管理の客体について、すなわち、物品とは何か、またこれに準ずるものとしてどのようなものがあるかを述べ、第三章においては、管理する機関はどのように組織されているか、またそれらの機関はいかなる権限を有し、いかなる義務と責任を負うかについて述べた。次に、本章において、物品の管理を行うためにはいかなる制度が基本となっているかについて述べることにする。

第一節　分類制度

国の物品を秩序だって管理するには、当然全体に共通する整然とした分類体系が必要であるが、物品会計規則下においては、各省各庁の長の定めるところにより、種々の分類が併存していて、統一的に把握する分類の原則はなかった。

分類の方法には、物品の性質、形状による方法、物品を支弁する費目による方法、予算経理上の性質による方法、受払の態様による方法など、様々のものが考えられる。物品の効率的運用を図るためにはいかなる分類が最適であるかといえば、既に第一章総説でも説明したところであるが、予算を基準として考えるのが妥当な線であろう。

物品に姿を変える前の金銭については、周知のごとく、伝統的に様式も確立され、整然たるシステムをもった予算によってその目的とする用途が秩序だてられている。したがって、物品という形態に変った後も、金銭について定められた用途に用いることが、適正かつ効率的に物品が運用されることになると考えられる。かくすることが、反面、予算統制の本旨を実現し、予算自体をも権威づけることになるのである。法第三条の分類の制度は、かかる趣旨から定められている。

物品管理法は、当初、分類の設定は、予算科目の設置にも比すべき重要な事項であり、その適正を確保するため、また、各省各庁の間の均衡を図るため、分類の設定及び変更を大蔵大臣への協議事項としていたが、その後の運用の実情に照らして、適切な分類設定の原則が確立したと考えられるに至ったので、昭和四十年の法改正において、事務簡素化に資するため、この確立した分類設定の基準を政令で示すこととして、大蔵大臣への協議制度を通知制度に改めた。大蔵大臣としては、この通知制度により、万一不適切な分類の設定等がなされたと判断したときは、法第十二条の規定に基づく適当な指示を行うことが予定されていた。

その後、さらに数年を経て、物品の分類又は細分類の基準について規定している法第三条及び令第三条の趣旨が各省各庁において理解され、適切な分類の設定等が十分に行われることとなったものと判断されたので、昭和四十四年十二月の政令改正においてさらに事務簡素化を図る見地から、令第四条に規定されていた物品の分類の設定等についての大蔵大臣への通知は要しないこととされた。

分類は、各省各庁の長が、物品の適正な供用及び処分を図るため、供用及び処分の目的に従って設けるべきものである（法第三条第一項）。

分類は、原則として、予算で定める物品に係る経費の目的に反しないものでなければならない（法第三条第二項）。具体的には、この分類は、会計の別及び予算で定める部局等の組織の別に区分し、更に当該区分の内において予算で定める項の目的の別（資金（財政法第四四条の規定による資金をいう。）の使用の目的の別を含む。）に区分して設けなければならない（令第三条）。

分類を項の段階でとらえることにしたのは、項が国会の議決の対象となっている点又は比較的実務上からもとらえ易い点から適切と考えたからである。しかしながら、経費の目的に従って分類を設けることが、物品の適正かつ効率的な供用及び処分の上からみて不適当であると認められる物品については、経費の目的によらない分類を設けることができる（法第三条第二項）。この場合、目的の別の区分を更に区分し、又は統合する等して分類を設けることになる（令第三条）。例えば、目又は目の細分でとらえた分類、数個の項を合体した分類、項と無関係の分類を設けることになる。これらの目的の別によらない分類を設ける場合も、会計の別及び予算で定める部局等の組織の別にまたがった分類を設けることは許されない。

分類は、各省各庁の長が前述の基準に従って自主的に定める。

以上の分類の下に、各省各庁の長は、細分類を設けることができる（法第三条第三項）。細分類は、管理技術上の要請も加味して考えられるべきものであって、物品の性質、形状等具体的な管理区分として実益があると思われる基準を考慮して決定すべきである。この点、則第二十五条の保管の方法についての規定で、物品の整理のため、供用又は処分に適する物品、修繕又は改造を要する物品及び供用又は処分をすることができない物品に区分するものとしている点は、考慮に入れられて然るべきものであろう。

分類の体系が設けられると、次に個々の物品をどの分類に属せしめるかの問題が生ずる。この所属分類の決定は、物品管理官が法第三条の規定による分類の趣旨に従って行う（法第四条）。

物品管理官が物品について所属すべき分類の決定を行った場合は、物品出納官又は物品供用官にその分類、品目及び数量を明らかにして、所属分類を決定した旨を通知しなければならない（則第三条第一項）。物品出納官又は物品供用官が置かれていない場合は、当然物品出納官又は物品供用官への通知はありえない。

通知を受けた物品出納官又は物品供用官は、各省各庁の長の定めるところに従って保管中又は供用中の個々の物品について分類、番号等の標示をしなければならない（則第三条第二項）が、物品出納官又は物品供用官が置かれていない場合には、物品についてのこの標示は、物品管理官みずからが行う（同条第三項）。

なお、所属分類の決定の通知については、実務上の繁雑を避けるため、特定の場合には、簡易な方法で処理しうるよう特例が認められている（昭和四〇年四月一日付蔵計第七七一号大蔵大臣通達4）。すなわち、所属分類決定の通知と当該物品の受入命令又は受領命令が同時に行われる場合において、これらの命令中に当該物品の分類、品目及び数量が明らかにされているときは、当該命令をもって所属分類決定の通知が行われたものとして処理することができる。

分類の変更により、特定の分類が消滅し、又は特定の分類に属すべき物品の範囲が変更された結果、当該消滅し又は変更された分類に属していた物品が当該分類に属さないこととなる場合においては、当該物品の新たな所属分類の決定は、次の基準によるべきであろう。

(a)　従前当該物品に付されていた供用又は処分の目的に即応する他の分類があるときは、当該他の分類

(b) 従前当該物品に付されていた供用又は処分の目的に即応する他の分類がないときは、当該物品の効率的な供用又は処分が図られるべき分類

以上が分類制度の概要である。かくして、予算すなわち金銭によって取得された物品がいかなる目的に供用又は処分されるかの秩序が確立されるわけである。

もとより、物品には、寄付を受けた財産、国により生産された財産、国有財産の解体により取得された物品等々のように直接金銭の使用とは結びつかないで取得されるものもあるが、これらは物品取得のケースの例外というべきであり、予算と関連づけられたことにより、物品の分類は合理的に整備されるということになる。

第二節　分類換、管理換

特定の目的に供用又は処分すべきであるとされた特定の物品が他の目的に供用又は処分されるべき必要が生ずる場合が考えられる。予算における移替え、移用、流用の問題に相当する問題である。予算においても、移替え、移用、流用が一定の制限の下に認められていることは周知のとおりであり、金銭が物品に姿を変えた後は、供用又は処分の目的の変更を一切認めないとするようなことは合理的でない。ことに、物品は、予算が単年度限りのものであるのと異なり消耗品のごとく直ちに使用消費されるものがあると同時に備品のごとく独自の存在として継続性をもつものも多い。また物品それ自体多用途性を有するものである。これらの点を考慮するなら、物品の当初の目的に拘束されることは効率的な物品の供用又は処分のため常に必ずしも得策とは限らない。ここにおいて、物品の存

在目的に弾力性を与えるため目的変更を認める調整措置が必要となる。法第五条に規定する分類換の制度がこれである。

次に、ある特定の物品管理官の管理に属している物品を、物品の運用状況の推移に応じて、他の物品管理官の所属に移し、供用又は処分させる必要が生ずる場合がある。分類換により目的変更を認めるとともに、物品が属せしめられている物品管理官相互間の移動を認めることが、物品の適正かつ効率的な供用又は処分のため更に実益のあることがあるのである。このような要請に応ずるため、法第十六条で管理換の制度を設けている。物品会計規則の下では、保管転換の名の下に物品の移動が行われていたが、これに必要な手続等は明らかでなかった。物品管理法では、管理換は重要なウエイトをもった制度として認識され、その十分な活用が望まれている。管理換は、物品の所属する物品管理官相互間の移動であって、分類換と異なり、必ずしも、予算の移替え、移用、流用と併行するものとは限らない（A財務事務所からB財務事務所にA財務事務所の庁用品が移管され、B財務事務所においても庁用品として使用される場合のごときである。）が、場合によっては、移替えその他の予算秩序の変更を伴う。また、実際にも管理換に伴って分類換が生ずることは極めて多いであろう。

分類換、管理換は、総じて予算秩序の変更にも比すべき重要な制度である。したがって、無制限、無秩序にこれを認めるべきではないので、物品管理法では、これらを各省各庁の長の承認事項とするとともに、更には大蔵大臣への協議事項として制約を加えていたが、分類換については、前述の如く分類の設定そのものを各省各庁の長に委ねたことに伴い、また、管理換については、八年間にわたる運用の結果、適切な管理換の原則が確立したと考えられるに至ったので、大蔵大臣のもつ総括的調整権限の存在（法第一二条第二項）も考慮のうえ、事務簡素化に資するため、昭和四十年法改正において、大蔵大臣への協議制度事項は廃止することにした。以下、分類換及び管理換の規制、手続について概略を説明する。

一　分類換（法第五条）

分類の所属決定をするのが物品管理官であるのに対応して、分類換を行う機関も物品管理官とされている。しかしながら、先にも述べたように、分類換は、予算の移用、流用にも相当する重要な制度であり、慎重な判断を要するし、物品管理官は各省各庁の長の設ける分類の趣旨に従って分類を決定することとされているので、物品管理官が分類換をすることができるのは、(1)各省各庁の長又はその委任を受けた当該各省各庁所属の外局の長等の命令を受けた場合、及び(2)各省各庁の長又はその委任を受けた外局の長等の承認を経た場合に限っている。

以下説明すると、

(1)　各省各庁の長又はその委任を受けた当該各省各庁所属の外局の長等は、物品の効率的な供用又は処分のため必要があると認めるときは、物品管理官に対して、物品の分類換を命ずることができる（法第五条第一項）。

この分類換の命令に関する規定は、物品管理法には当初明文の規定をもって設けられていなかったが、各省各庁における所管物品の管理権をもち（法第七条）、分類設定権者である（法第三条第一項）各省各庁の長が、分類換を命じうることは当然であり、かつ、このような実態が多いと判断して、昭和四十年の法改正において明文化されたものである。

分類換の命令権を各省各庁の長の委任を受けた当該各省各庁所属の外局の長等に委任できる（令第二条）ことと

したが、これは事務の実効性を高め、その迅速な処理を図るためのものである。

物品管理官が分類換の命令に基づいて分類換をする場合は、改めてこの分類換について各省各庁の長又は外局の長等の承認を経ることは要しない。

⑵　物品管理官は、物品の効率的な供用又は処分のため必要があると認めるときは、各省各庁の長又はその委任を受けた外局の長等の承認を経て、物品の分類換をすることができる（法第五条第二項）。

これは、前述した命令によって分類換を行う場合のほか、現物を管理している物品管理官の判断によって、物品の効率的な供用又は処分のため必要があると認められる場合も分類換が認められることとしているものであるが、分類換の重要性に鑑み、その判断を慎重ならしめるため、承認制度を設けているものである。承認権限を各省各庁の長の委任を受けた外局の長等に付与したのは、当該外局の長等が分類換の命令権を有する者であるから当然である。場合によってはこの承認の一形態として、包括的承認をなしうることは論をまたない。物品管理法施行当初、分類換の承認を要しない場合の規定を設けていたが、各省各庁における管理の特殊性を無視して画一的に規制するのは好ましくないので、昭和四十年の法改正において、これを廃止し、各省各庁の自主的運用に委ねることとした。これによる事務量の増大が考えられるかも知れないが、これは、前述の分類換に関する権限の下部委任及び包括的承認を活用することにより充分にカバーしうるものである。

分類換をしたときは、物品管理官は、所属分類の決定をしたときと同様、関係の物品出納官又は物品供用官に通知し、通知を受けた物品出納官又は物品供用官は、その保管中又は供用中の物品の分類等の標示を変更する。物品出納官又は物品供用官を置いていない場合には、この変更を物品管理官がみずから行うことも、所属分類の決定の場合と同様である（則第五条第三項）。

二　管理換（法第一六条）

物品を実質的に管理するのが物品管理官であるので、管理換を行う機関も物品管理官とされている。管理換は、物品管理官の間において物品の所属を移すこと（法第一六条第一項）であるので、物品の管理秩序を変更し、場合によっては実質的に執行された予算秩序の変更を伴うことがある。また、異なる省庁間の管理換の例でもわかるとおり、管理換に伴って分類換が生ずることが極めて多い。このような管理換の重要性に鑑み、慎重な判断を要するので、物品管理官が管理換をなしうるのは、分類換のときと同様、⑴各省各庁の長又はその委任を受けた当該各省各庁所属の外局の長等の命令を受けた場合、及び⑵各省各庁の長又はその委任を受けた外局の長等の承認を経た場合に限られている。

以下説明すると、

⑴　各省各庁の長又はその委任を受けた当該各省各庁所属の外局の長等は、物品の効率的な供用又は処分のため必要があると認めるときは、物品管理官に対して、物品の管理換を命ずることができる（法第一六条第一項）。

管理換の命令に関する規定は、分類換の命令に関する規定と同様、物品管理法には当初明文の規定を設けていなかったが、分類換の命令に関して述べたと同じ理由で、昭和四十年の法改正において明文化されたものである。各省各庁の長がこの命令権を外局の長等に委任することができる（令第二条）こととされた理由、物品管理官がこの命令に基づいて管理換をする場合は改めて各省各庁の長又はその委任を受けた外局の長等の承認を要しないこと等も、分類換における場合と同様である。

(2)　物品管理官は、物品の効率的な供用又は処分のため必要があると認めるときは、各省各庁の長又はその委任を受けた外局の長等の承認を経て、物品の管理換をすることができる（法第一六条第二項）。

承認制度を設けた理由及び包括承認が認められること等は、分類換における場合と同様である。

(1)及び(2)における管理換は、管理換をし、又は管理換を受けることのそれぞれの場合を含んでいることはいうまでもない。管理換は、分類換の場合と異なり、相手方の物品管理官が存在するので、この物品管理官との意思の疎通が必要となる。

(1)の場合、すなわち、命令による管理換の場合については、法に明文の規定はないが、次のように解する。

(a)　管理換をする物品管理官及び管理換を受ける物品管理官に対して、同一の者から管理換の命令が発せられる場合

特別の行為を必要としない。

(b)　管理換をする物品管理官及び管理換を受ける物品管理官に対して異なる者から管理換の命令が発せられる場合

管理換の命令を発する者相互間であらかじめ協議が行われ、物品管理官相互間では特別の行為を要しない。

(2)の場合、すなわち、承認による管理換の場合については、令に規定があり、物品管理官の間で協議し、その協議の内容を明らかにして、所属の各省各庁の長又はその委任を受けた外局の長等の承認を受けなければならないとされている（令第一八条）。

次に、管理換に伴う経理上の取扱いについて述べる。

管理換が異なる会計間で行われる場合は、原則として、有償で整理すべきものとされている（法第一六条第三項）。国が一般会計のほか、十四の特別会計を設けているのは、それぞれの区分経理を明らかならしめる趣旨に基づくものである以上、各会計間の収支に匹敵する物品の移動も、当然有償で整理されるべきである。ただ、会計は異にしても、国という一体の人格内の問題であるから、「有償とする」ではなく、「有償として整理するものとする」となっている。

有償として整理する価額は、時価によるものとされている（令第二二条）。更に具体的に、価額は、返還を条件とした管理換については、賃貸を仮定した場合の賃貸料、返還を条件としない管理換については、売買を仮定した場合の市場売買価格によるものとしている（則第一六条）。

異なる会計間の管理換は、以上のように有償整理されるのが原則であるが、次の三つの場合には、有償としないこととしている（法第一六条第三項、令第二一条）。

第一は、一月以内に返還すべき条件を附した管理換に係る場合である。臨時的な管理換であり、特に厳密に有償整理を行わなくても、区分経理を乱すおそれはないからである。なお、「係る」場合としたのは、この管理換をする場合のほかに、この管理換をしたのち元の物品管理官に返還するための管理換をする場合を含む趣旨である。これは、次の二つの場合についても同様である。

第二は、事務又は事業を異なる会計に委託する場合において、その委託を受ける会計でその受託業務を行うため必要とする物品の管理換に係る場合である。当該管理換による物品の効用は、管理換を受けた会計にではなく、事務又は事業を委託した原所属の会計に帰属すると観念されるからである。事務又は事業として、例えば試験、研究等がある。

第三は、個別に各省各庁の長が財務大臣に協議して指定する管理換に係る場合である。

異なる会計間の管理換を有償として整理する趣旨は、各会計の区分経理を明確にする目的のもとに、物品の効用分配を正当に評価することにある。したがって、ある会計から他の会計に物品の管理換があったとしても、これを受ける側の会計がその物品の効用を収受すべき立場にない場合には、有償として整理するのは適当でない。このような場合に応ずるため、各省各庁の長が、その管理換の性格を考慮し、財務大臣に協議して指定する場合は、有償整理から除外できることとしたのである。

なお、異なる会計に属する物品の管理を一体として行う必要がある場合において、当該物品を一体として管理するため、関係の会計の間において当該物品の管理換をするときは、この財務大臣との包括的協議が整ったものとして扱ってよいこととされている（昭和四〇年四月一日付蔵計第七七一号大蔵大臣通達1）。例えば、合同庁舎の維持管理を特定の官署において一体として行う必要がある場合において、維持管理に必要な物品を会計の異なる特定の官署に管理換する場合である。また、物品の無償貸付及び譲与等に関する法律における特定の場合に該当するときにも同様な取扱いとされている。

管理換については、分類換と異なり、具体的な物品の移動を伴う。次に、管理換の具体的な事務手続について説明する。

管理換をする物品が物品管理官が保管しているものである場合（すなわち、物品出納官を置いていない場合）に

第二節　分類換、管理換

(1)管理換の命令の場合

（管理換をする物品管理官及び管理換を受ける物品管理官に対して、異なる者から管理換の命令が発せられる場合）

（法第16条第１項
則第14条
則第24条第２項）

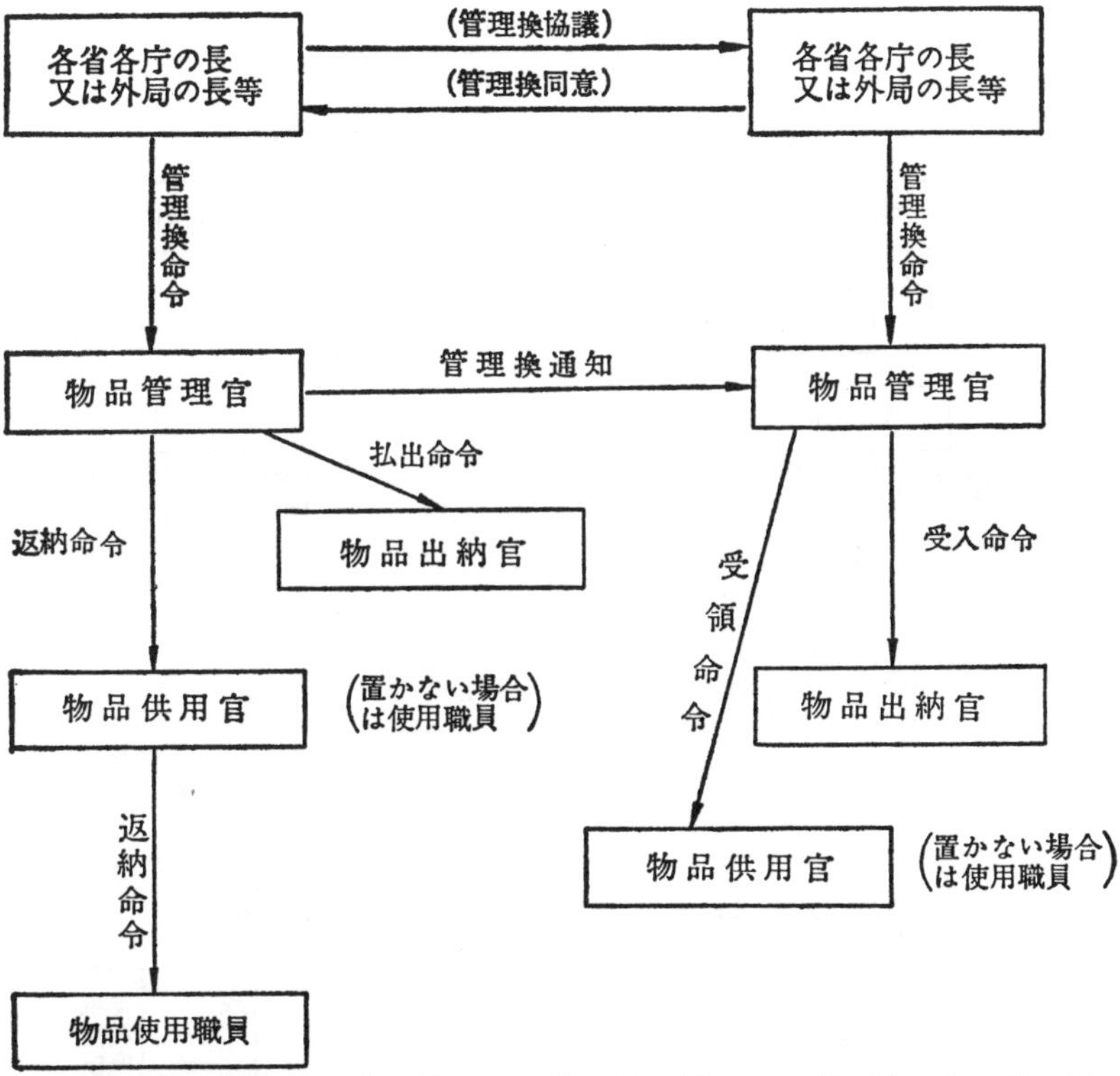

は、みずから払い出し、物品出納官の保管しているものである場合には、物品管理官は、物品出納官に対し払出命令を行い、物品供用官が供用しているものである場合には、物品供用官に対し返納命令を発する。物品供用官を置かず、物品管理官が直接供用している場合には、物品管理官は、使用職員に対し返納命令を発する（則第一四条第一項）。

物品供用官は、使用職員に使用させている物品について返納命令を受けたときは、その使用職員に対し返納命令を発しなければならない（則第二

(2)管理換の命令の場合

（管理換をする物品管理官及び管理換を受ける物品管理官に対して、同一の者から管理換の命令が発せられる場合）

**（法第16条第１項
則第14条
則第24条第２項）**

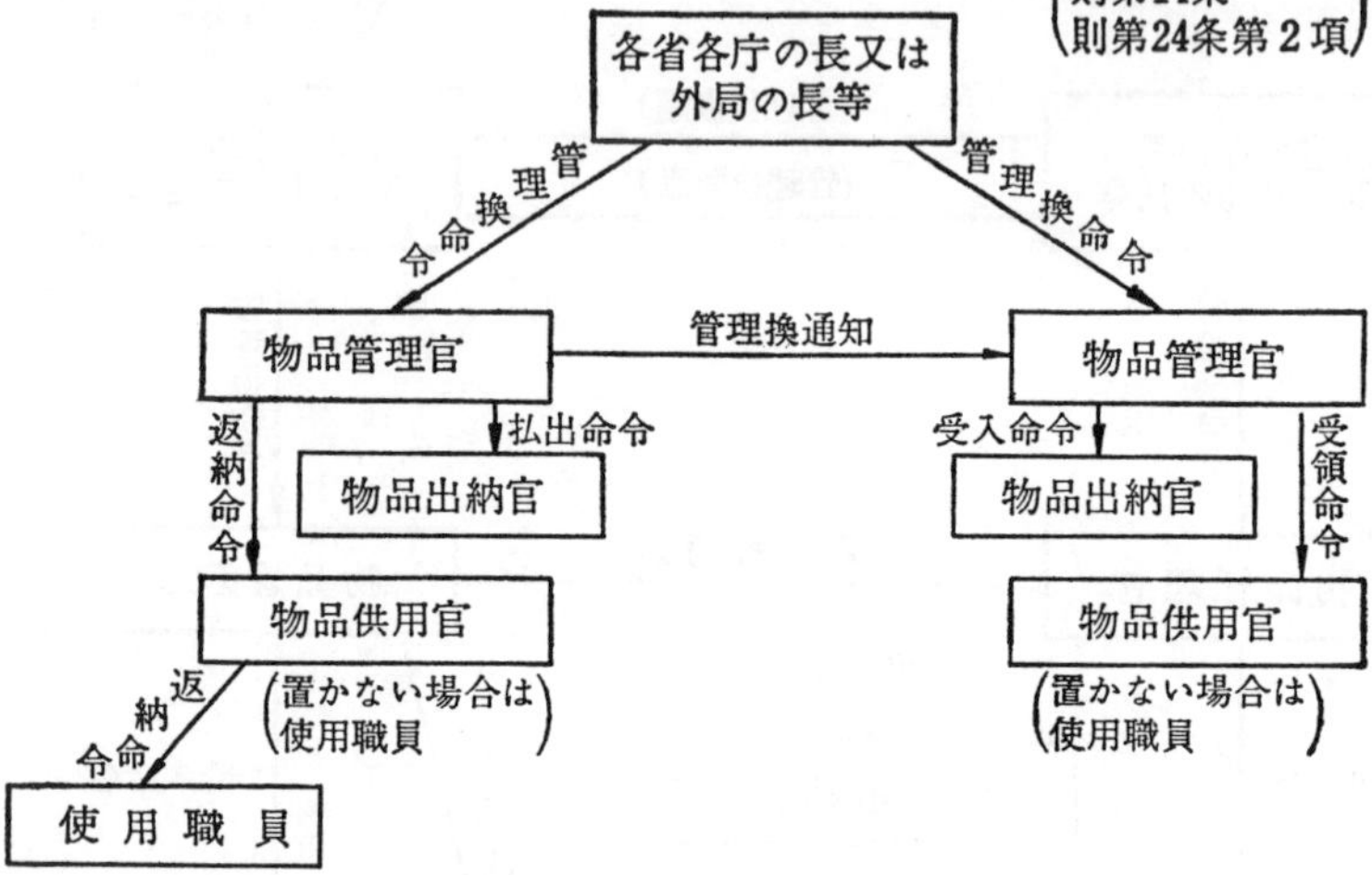

(3)管理換の承認の場合

（管理換をする物品管理官及び管理換を受ける物品管理官が異なる各省各庁の長又は外局の長等に属する場合）

（法第16条第２項
令第18条
則第14条
則第24条第２項）

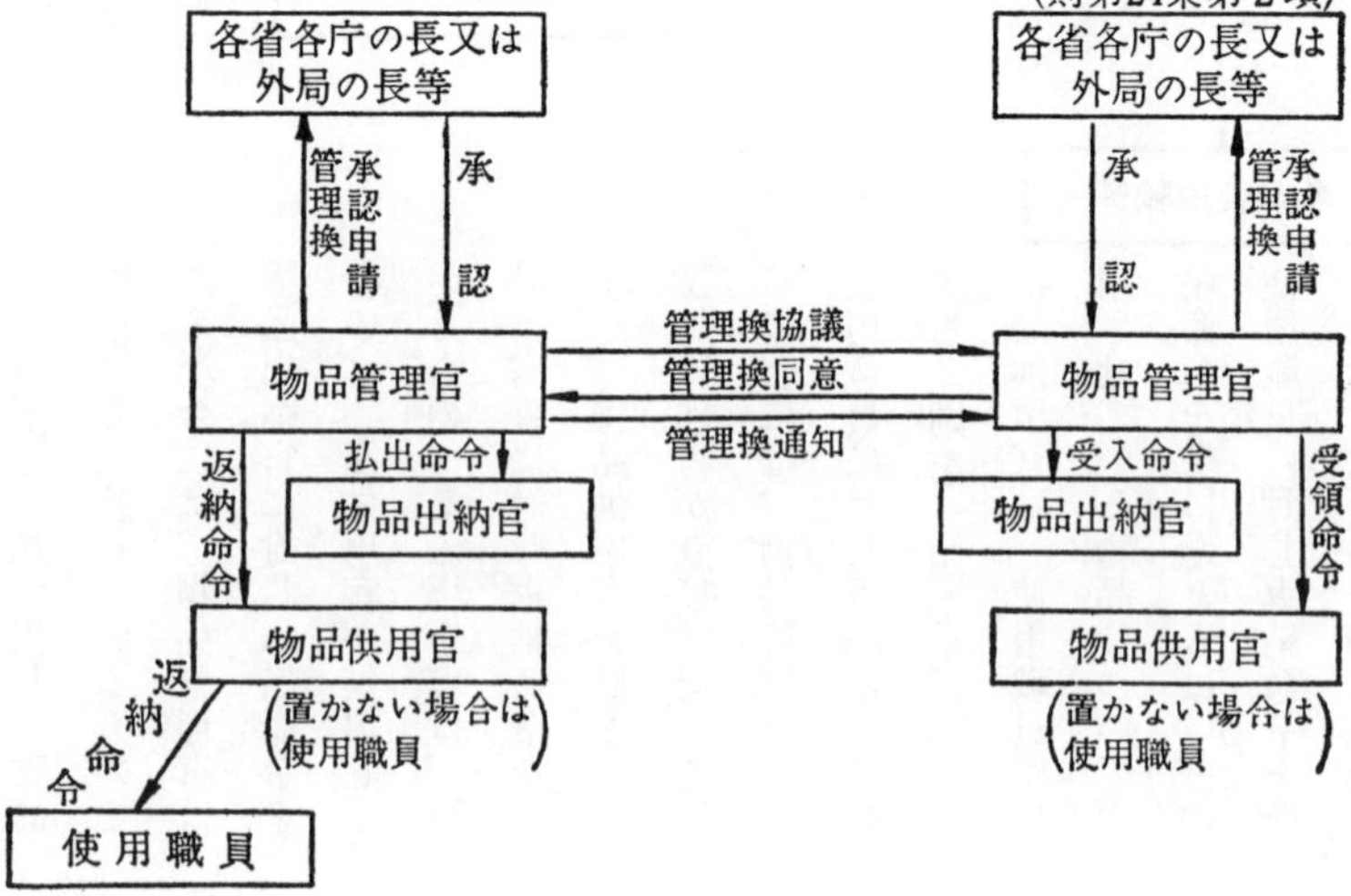

(4)管理換の承認

（管理換をする物品管理官及び管理換を受ける物品管理官が同一の各省各庁の長又は外局の長等に属する場合）

（法第16条第２項
令第18条
則第14条
則第24条第２項）

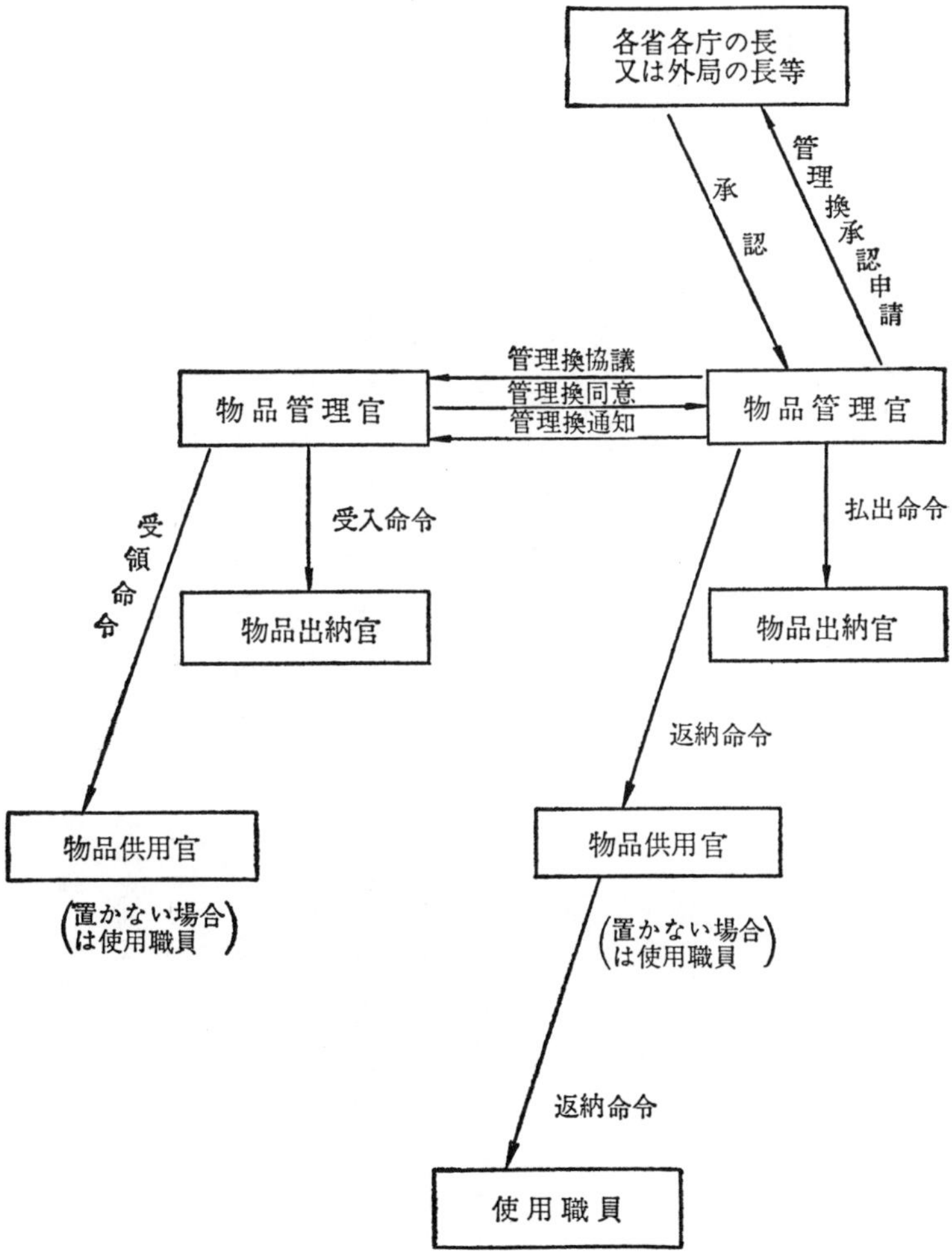

四条第二項)。

以上は内部手続であるが、物品管理官は、これらの手続と同時に、相手方の物品管理官に対しても、物品引渡しに関する詳細、すなわち、当該物品を引き渡すべき者、時期、場所その他必要な事項を通知しなければならないとされている(則第一四条第二項)。

一方、管理換を受ける方の物品管理官としては、物品出納官に受入命令を発するか、あるいは(物品供用官のところで直ちに供用させようとする場合であるならば)物品供用官に受領命令を発する(則第一四条第三項)。

協議等の管理換の手続が行われた後に、具体的に物品が移動する場合として、物品供用官が物品出納官の手を経ずに直接物品を引き渡し、又はこれを受領する場合(則第一四条第一項及び第三項)がある。その限りにおいて、物品供用官は、保管、出納的な事務を行うことにもなるが、一々物品出納官の手を経て行うことは具体的な物品の移動については繁に耐えず非効率的でもあるので、かかる制度を認めた。

同様に、物品を使用する職員が直接に引渡しを行ったり、受領する場合がある。

管理換に関連する取扱手続についての図解は、前三ページに掲げた。

第三節　計画制度

物品の管理は計画的に行われることが望ましいということは、いまさら説明するまでもあるまい。国の活動が、金銭の上では、予算という形で計画規制されているわけであって、その予算は、個々の経費の積み重ねによって成り立っているものである以上、個々の経費による調達の対象となる物品についても、計画というものが当然考えられて然るべきであり、かつ、十分成り立ちうるものであるといえよう。物品の計画的な調達と運用がなされることによって、物品の過大調達や不当処分等の弊害を避けることができるのである。

物品管理法は、当初、計画制度として需給計画及び運用計画の制度を設けていたが、その後の運用の実績に鑑み、昭和四十年の法改正において、物品の管理に関する計画の制度を設けた。従来の需給計画は、各省各庁の長が、多量に取得することを必要とする物品等について、詳細な法の規定に従って定める需給の見積りであって、その写しは大蔵大臣に送付されていた。また、運用計画は、物品管理官が、その管理する主要な物品について、同様に詳細な法の規定に従って、各省各庁の長の承認を得て定める供用又は処分に関する計画であった。

この精緻な需給計画及び運用計画の制度は、その目的を充分果たしてきたが、その精緻さ故に、例えば余りに繁雑であり、画一的であること等の弊害も一部には現われてきた。そこで、運用の実態に鑑み、画一性を廃し、各省各庁の自主的統制に委ねることを内容とした物品の管理に関する計画の制度が昭和四十年の法改正により設けられた。

物品管理官は、毎会計年度、その管理する物品の効率的な供用又は処分を図るため、予算及び事務又は事業の予定を勘案して、物品の管理に関する計画を定めなければならない（法第一三条第一項）。この場合、物品管理官は、各省各庁の長又はその委任を受けた当該各省各庁所属の外局の長等が物品の管理の目的の適正かつ円滑な達成に資するため物品の管理の実情を考慮して定めるところによらなければならない（令第一一条第一項）。

従前の需給計画及び運用計画と比較して、物品の管理に関する計画の特色は、(1)原則としてすべての物品について、(2)それぞれの物品の管理に適した内容の計画を、(3)各省各庁の長又は外局の長等の定めるところに従って、みずからの準則として、物品管理官が自主的に定立するもので、各省各庁の長又は外局の長等の承認を要しない点である。

物品の管理に関する計画の内容、様式等については法の規定はなく、したがって、物品管理官は、各省各庁の長又は外局の長等の定めるところに従って、その管理する物品のそれぞれの態様、管理内容等に応じて職務遂行上適切な計画を定めることとなる。例えば、計画内容が別に立てる事業等の計画の内容に含まれ、あるいはこれと同一であれば、改めて物品の管理に関する計画を立てるまでもなく、その事業等の計画そのものを物品の管理に関する計画としてもよい。「物品の管理に関する計画」という名称を有するものである必要はない。

また、当該省庁の基幹的物品については、その計画内容は管理換等を含む詳細な内容となるし、数量を把握して計画を立てることが困難な物品については、金額のみを内容とする計画を立てることも考えられよう。

物品の管理に関する計画は、四半期ごとに立てるのを例とする（令第一一条第二項）。これは、予算執行との関連等から四半期ごとに立てるのを原則としたものである。

物品の管理に関する計画は、物品管理の準則となるものであるから準則としての価値を失なう程ズレの生ずる場合には当然変更することになるが、この場合、計画を定めた物品管理官が、各省各庁の長又は外局の長等の定めるところに従って、みずからの責任において変更する。みずから変更をするものであっても、計画を定めることによって、管理行為に客観性をもたせ、他からの批判を受けるものであるから、この計画制度が無意味になるものではない。

物品管理官は、物品の管理に関する計画を定めたときは、当該計画のうち供用に係る部分を物品供用官に通知しなければならない（法第一三条第二項）。これは、物品供用官が物品管理官に払出しの請求をする際の目安にするためである。したがって、供用に係る部分のみでなく計画全体を通知しても目的を達成できるならば、物品の管理に関する計画そのものを通知しても差し支えない。

物品管理法は、当初、運用計画を契約等担当職員に対し通知する制度を設けていたが、制度的にも、実体的にも必要性に乏しいので、この制度は、昭和四十年の法改正において廃止された。

物品の管理に関する計画は、物品の供用又は処分の基本となるものである（法第一五条）。後述する物品の取得、売払、貸付も、これに基づいて行うべきことが定められている（法第一九条第一項、第二八条第二項、第二九条第二項）。

第四節　記帳と検査

会計機関は、会計処理を記録してその事実を明らかにするため、帳簿を備えなければならない。物品管理機関も、物品についての異動の事実その他を帳簿に記録すべきものとされている。すなわち、物品管理官、物品出納官及び物品供用官は、それぞれ、物品管理簿、物品出納簿及び物品供用簿を備え、それぞれの職務に応じ、その管理する物品についての異動を記録しなければならない（法第三六条、令第四二条）。

物品管理の必要から、帳簿には、物品の分類、細分類及び品目ごとに、物品の増減等の異動の数量、現在高その他物品の異動に関する事項及びその他物品の管理上必要な事項を、各省各庁の長の定めるところにより記録することになっている（則第三八条第一項）。更に取得価格（取得価格がない場合又はこれが明らかでない場合は、見積価格）が五十万円以上の機械及び器具並びに取得価格（当該取得価格と時価額とに著しい差がある場合、取得価格がない場合又は取得価格が明らかでない場合には、見積価格）が三百万円以上の美術品（皇室固有の伝来品、皇室用品として管理している美術品、王室等からの寄贈品、評価することが寄贈者の意向に反することが明らかな寄贈品、図書館資料並びに国会議員の肖像画及び胸像を除く。）については、物品管理簿に、その価格を記録しなければならない（則第三八条第二項、同第三項、令第四三条第二項、昭和四〇年四月一日付蔵計第七七一号大蔵大臣通達3）。この価格記録の目的は、主として物品増減及び現在額報告書の作成にある。

物品の異動を記録すべき帳簿は、各物品管理機関ごとに別個のものである必要はなく、また帳簿の体裁、様式及び記入の方法は、各省各庁の長の定めに委ねられている。すなわち、二以上の物品管理機関の帳簿を記録する補助者が同一人である場合等は、この二以上の物品管理機関が一の簿冊等をもって帳簿に充てても差し支えない（前記通達5）。帳簿の体裁は、必ずしも簿冊であることを必要としない。前述の異動数量等の記録事項を備えている限り、いわゆるルーズリーフ、カード、磁気テープ等も、その形態にかかわらず、帳簿たりうる（前記通達5）。

帳簿の記録は、財務大臣が指定する場合は省略できる（令第四二条）。この財務大臣の指定は、「取得後比較的すみやかに供用することを通例とする生鮮食料品、修繕用部品、薬品、新聞その他の定期刊行物等の物品で保存を目的としないものについて」の異動について行われている（前記通達2）。また、官民合同実務家タスクフォース・起草作業グループ（物品管理）による検討の結果、物品管理業務の効率化について、帳簿登記を不要とする消耗品の対象範囲が各府省等において格差が見受けられたこと等を踏まえ、帳簿登記を不要とする消耗品については、各府省等の申合せ事項の統一基準により取り扱うこととするとされている（「物品管理業務の効率化について」平成二一年一月一六日付各府省等申合せ）。

次に、検査であるが、物品管理法は、金銭会計機関におけると同様に、物品管理機関に対する検査について法定している。

検査の種類としては、定期的な検査と、物品管理官、物品出納官又は物品供用官が交替するとき又はその廃止があったときその他必要がある場合の随時の検査との二つがある（法第三九条）。

検査の具体的な手続については、令第四十四条以下に規定がある。すなわち、各省各庁の長は、毎会計年度一回（定期検査）及び物品管理官、物品出納官又は物品供用官が交替するとき又はその廃止があったときにはそのつど（交替・廃止検査）、検査員に、これらの物品管理機関の管理行為が法の規定に適合しているかどうかを現物及び帳簿の両面から検査せしめなければならない（令第四四条第一項）。

現金会計における如く定期検査の日は特定されていない。物品の種類、数量の莫大であることに鑑み、また、物品については会計年度ということをさほど厳密にする実益のないことも考慮し、適宜な時期を定めうるものとした。場合によっては、A物品については何月何日、B物品については何月何日というような定め方も可能と考える。

検査を具体的に行うのは検査員であるが、検査が物品管理官に係るものであるときは各省各庁の長が命ずる当該各省各庁所属の職員又は他の各省各庁所属の職員、検査が物品出納官又は物品供用官に係る定期検査又は交替・廃止検査であるときはこれらの職員が所属する物品管理官又はその物品管理官の命ずる職員が、それぞれこれになる

（令第四四条第二項）。各省各庁の長がすべての物品管理機関の管理行為について検査を行うことは実際上困難であること、検査は内部的なものであること、加えて、物品出納官、物品供用官が物品管理官の下においてそれぞれの機能を分担している事実に鑑み、かかる規定を設けたものと考える。これに対し、物品管理官、物品出納官又は物品供用官の物品の管理の状況及び帳簿についての純然たる随時の検査については、各省各庁の長が当該各省各庁所属の職員又は他の各省各庁所属の職員のうちから命じた者が、検査員となる（同条第三項）。

各省各庁の長は、当該各省各庁所属の職員を検査員に任命するときには、自省庁職員にこの任命を行わせることができる（令第四四条第四項）。

他の各省各庁所属の職員を検査員とするときは、当該他の各省各庁の長の同意を要する（令第四四条第五項）。

また、都道府県の知事又は知事の指定する職員が物品の管理に関する事務を行っている場合の検査について、当該都道府県に置かれる物品出納官相当職員又は物品供用官相当職員に係る定期検査又は交替検査の場合には、これらの職員が所属する都道府県の職員である物品管理官相当職員又は当該職員の命ずる職員を検査員とすることができる（法第一一条第一項及び第二項）。

令第四十五条は、検査を受ける物品管理官等その他適当な者を立ち合わせなければならないこととしている。検査の公正を確保するためである。検査員と立会人を兼ねることは、検査及び立会いのそれぞれの趣旨からできないものと解する。

検査を終了した場合には、令第四十四条に規定する検査員が検査書二通を作成し（検査員及び立会人の記名押印が必要である。）、一通は検査を受けた物品管理機関に交付し、他の一通はその検査が物品出納官又は物品供用官に係るもので、検査員がこれらの者の所属する物品管理官である場合は当該検査員がみずから保有し、その他の場合は当該検査員を命じた者に提出しなければならない（令第四六条）。

なお、昭和四十三年十月の改正により、物品管理官代理、物品出納官代理及び物品供用官代理が代理する場合については、他とのバランス上代理に係る事務引継手続を簡素化した。

すなわち、従来は、これらの場合には、本官の交替の場合と同様に引継書を作成することとされていたが、改正後は適宜の書面において代理開始及び代理終止の年月日並びに代理官が取り扱った事務の範囲を明らかにしておけば良いこととなった。適宜の書面において明らかにしておくとは、例えば代理開始終止整理簿を作り、そこに所要の事項を記入しておくことである。

第五節　報告制度

ここにいう報告は、通常の部内連絡の意味のものではなく、国民に対してその実情を明らかにするためのものとしての報告である。

物品の毎会計年度間における増減及び毎会計年度末における現在額の報告書（物品増減及び現在額報告書）は、各省各庁の長が、国が所有する物品のうち重要なものとして政令で定めるものについてこれを作成し、翌年度の七月三十一日までに財務大臣に送付する（法第三七条）。財務大臣は、送付された報告書に基づいて、物品増減及び現在額総計算書を作成し（法第三八条第一項）、次に、内閣は、財務大臣の作成したこの総計算書を各省各庁の長の作成した物品増減及び現在額報告書とともに、翌年度十月三十一日までに、会計検査院に送付しなければならない（同条第二項）。内閣は、更に、財務大臣の作成した物品増減及び現在額総計算書に基づき、毎会計年度間における物品の増減及び毎会計年度末における物品の現在額について、当該年度の歳入歳出決算の提出とともに、国会に報告しなければならない（同条第三項）。

物品管理法は、当初、国有財産におけると同様、物品増減及び現在額総計算書について、会計検査院の検査を受けることにしていたが、総計算書は各省各庁の長から財務大臣に送付された物品増減及び現在額報告書の集積であり、更にこの報告書は各物品管理官から各省各庁の長に送付された報告書の集積であって、これらはすでに各物品管理官の段階で会計検査院の検査が行われているものであるので、物品増減及び現在額総計算書について重ねてその検査を行う実体的な必要性が乏しいこと、同様の性質をもつ債権現在額総計算書は会計検査院の検査を受けないこと、事務の簡素化を図ること等の理由により、この物品増減及び現在額総計算書についての会計検査院の検査は、昭和四十年の法改正によって廃止された。

報告の対象となる重要な物品は、機械、器具及び美術品のうち財務大臣が指定するものとされており、（令第四三条第一項）、大蔵大臣通達により、取得価格（取得価格がない場合等は、見積価格）が五十万円以上の機械及び器具並びに取得価格（当該取得価格と時価額とに著しい差がある場合等は、見積価格）が三百万円以上の美術品（皇室固有の伝来品等を除く。）を指定していることは、前節に述べたとおりである（昭和四〇年四月一日付蔵計第七七一号大蔵大臣通達3）。

物品増減及び現在額報告書は、則別表第一に定める様式及び記入の方法により、毎会計年度末の物品管理簿における記録の内容に基づいて作成される（令第四三条第二項）。なお、この報告書に記入する物品の品目の表示については、大蔵大臣の通達（昭和四〇年四月六日付蔵計第八〇八号）があり、また、報告書の作成及び送付の細目的要領については、大蔵省主計局長の通達（同日付蔵計第八〇九号）がある。本書の付録を参照されたい。

第五章　管理行為の手続

第四章において、物品管理の基本的制度について概略を述べた。本章においては、具体的な管理行為――取得、保管、供用及び処分の手続について述べることとする。

第一節　取得

物品管理法にいう「取得」とは、常識的に考えられるような所有権の取得の場合のみに限らず、占有を取得する場合を含み、更に、国における財産の管理分野の一たる国有財産と物品との間の移動をも含む広い概念である。しかしながら、ある物品管理官に所属する物品が他の物品管理官の所属に移る場合は、受ける側の物品管理官にしてみれば、国以外の者から取得するのと実質的には何ら変わらず、これも取得として考えられるが、国を一体としてとらえて考えると、この物品はすでに国にとっては取得されているものであって、単に管理機関が異なることになったに過ぎない。よって、このような場合は、「取得」ということではなく、「管理換」という概念でとらえることになる。

取得手続については、法第十九条に原則的な規定がある。取得の意思決定は物品管理官が行う。この意思決定は、物品管理官が、各省各庁の長又はその委任を受けた外局の長等の定めるところにより作成する物品の管理に関する計画に基づいて、物品の供用又は処分のため必要な範囲内で行う（法第一九条第一項前段）。次いで、物品管理官は、契約等担当職員に対し、取得のため必要な措置の請求を行い（同条第一項後段）、契約等担当職員は、その請求に基づいて、かつ、予算を要するものにあっては予算の範囲内で、取得のために必要な措置をとることになる（同条第二項）。

物品管理官の契約等担当職員に対する措置請求には、取得を必要とする物品の品目、規格及び数量並びに取得を必要とする時期及び場所を明らかにしなければならない（令第二四条第一項）。

物品管理官が物品取得の措置を請求する契約等担当職員は、自己の属する官署の契約等担当職員には限られない。例えば、ある物品については、分任物品管理官の属する官署では購入できず、本官の属する官署にのみその購入権限が認められているような場合は、当該分任物品管理官は、本官の属する官署の契約等担当職員に対し取得の措置の請求をなしうるのである。

物品の取得のための措置請求は、法令の規定により国において取得しなければならないこととなっている物品の取得に係る場合及び物品管理官が契約等担当職員を兼ねている場合は、省略することができる（令第二四条第三項）。法令の規定により国が取得しなければならない物品としては、金管理法に基づく金、主要食糧の需給及び価格の安定に関する法律による米穀等がある。これらの物品は、物品管理官が定める計画の如何にかかわらず、国が買い入れることを義務づけられているものであり、そのつど取得のための措置を請求することは実益がない。

契約等担当職員は、物品管理官からの取得のための措置の請求があった場合において、予算その他の事情により請求に基づく物品の取得のため必要な措置をすることができないときは、物品管理官にその旨を通知しなければならない（令第二四条第二項）。これは、物品管理官が適切な善後処置を行いうるよう通知義務を課したものである。請求に基づいて取得のための措置をしたときは、契約等担当職員は、すみやかにその物品の品目、数量、取得の時期、場所等を物品管理官に通知すべきものとしている（則第一八条）。

先に取得のための措置の請求を省略しうる場合について述べたが、請求が行われない場合は、右の措置不能又は措置済みの通知の規定は、もちろん、適用の場がない。

以上は、一般的なルートにおける物品取得の場合の手続であるが、そのほか、物品に係る事務又は事業を行う職員が、その職務を行うことにより国において取得する物品又は取得した物品があると認めるときがある。このような場合には、当該職員は、すみやかにその旨を物品管理官に通知しなければならない（令第二五条）。河川事業において取得される砂や砂利、解体工事に伴う廃材、訴訟の結果国に帰属する物品等の例が考えられる。ここにいう「物品に係る事務又は事業を行う職員」の範囲は、法第十七条の「物品の管理に関する事務を行う職員」及び法第十八条の「物品に関する事務を行う職員」より遙かに広いことに注意する必要がある。

この通知があった場合、物品管理官としては、当該物品を取得すべきか否かの意思を決定する。場合によっては、取得する意思なしとして管理の対象から直ちに除外することもありうる。

契約等担当職員その他物品に係る事務又は事業を行う職員が、取引の状況等を勘案して物品を取得することが適当であると認めるときその他その職務を行うことにより物品を取得する予定があるときは、取得する物品の品目、数量、規格、価格及び取得の時期、場所並びに取得の原因を明らかにして、物品管理官に通知しなければならない

○購入による取得及び供用

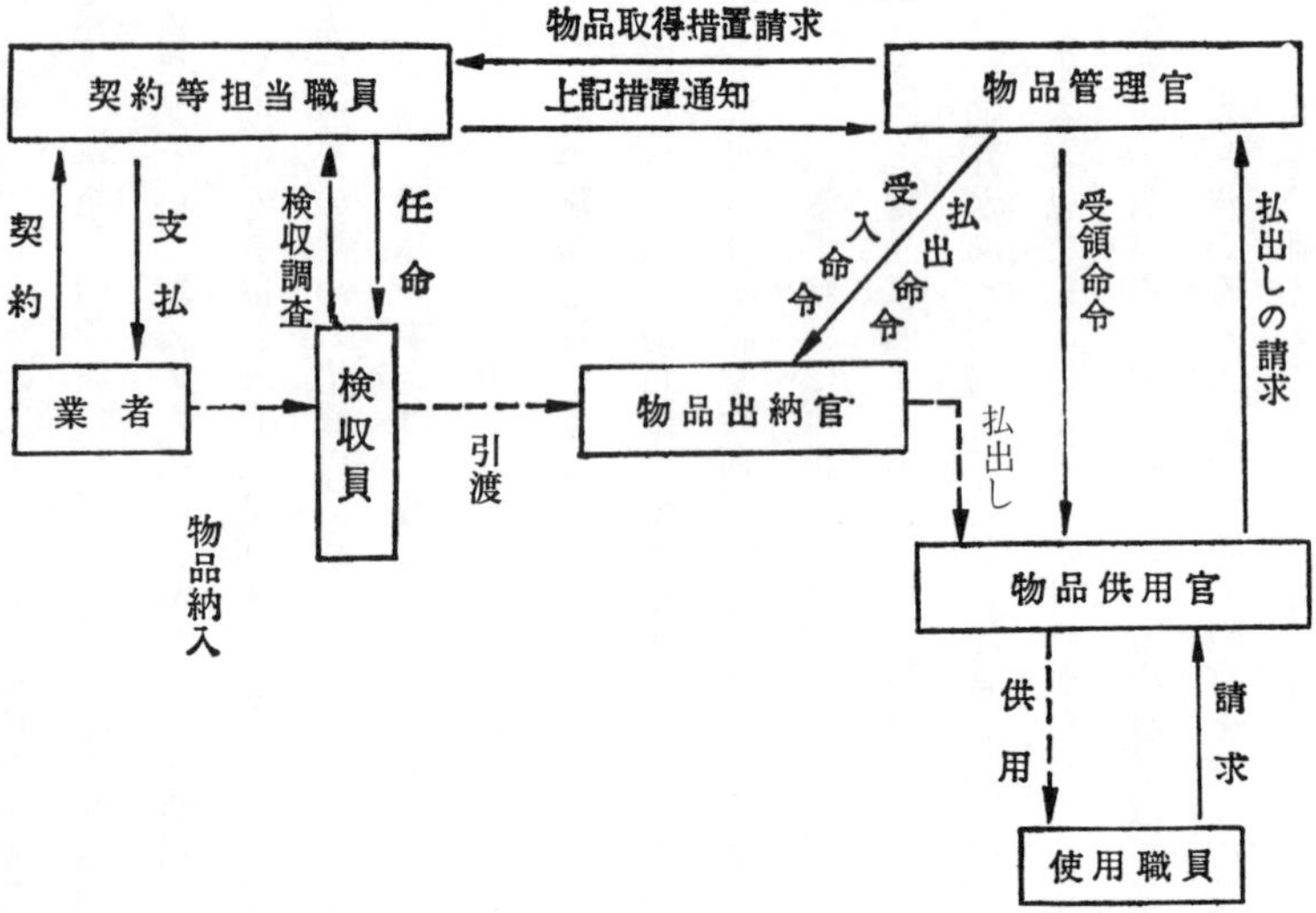

(則第一七条)。これら現場にある職員は、取得すべき物品について適確な知識を有し、その情報を提供することによって物品管理官の物品取得についての判断を助けることができるからである。

物品の取得についての具体的な手続については、管理換を受ける場合において、物品管理官が物品出納官に受け入れさせ、又は物品供用官に受領させる手続を規定しているところの則第十四条第三項の規定が準用される(則第一九条)。

上に、取得の手続を購入による取得の場合を想定して図解する(但し、物品出納官及び物品供用官の置かれている場合)。

第二節　供用

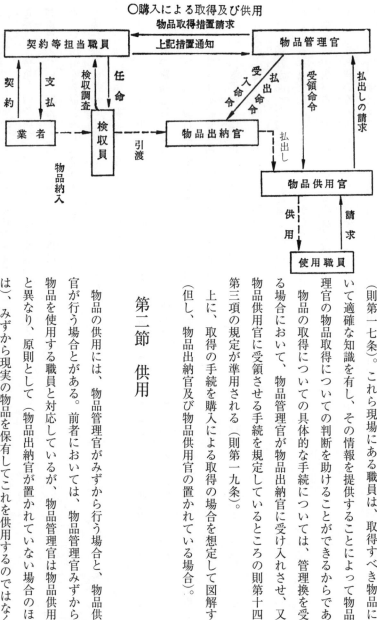

物品の供用には、物品管理官がみずから行う場合と、物品供用官が行う場合とがある。前者においては、物品管理官みずからが物品を使用する職員と対応しているが、物品管理官は物品供用官と異なり、原則として(物品出納官が置かれていない場合のほかは)、みずから現実の物品を保有してこれを供用するのではなく、

出納保管は物品出納官に行わせ、これに対する出納命令を通じて供用することとなる。後者の物品供用官が行う場合は、物品供用官は、みずから物品を取得し又は管理換を受けるというような権限を有しないから、物品管理官がその管理下に置いている物品、すなわち物品出納官（物品出納官が置かれていない場合は、物品管理官）において保管している物品の提供を受けて、これを供用するのである。したがって、供用が物品管理官によって行われるか、物品供用官により行われるかによって、供用及び返納に関する手続に若干の差異を生ずる。

物品供用官が置かれている場合、物品供用官は第一次的に供用の必要性を判断する立場にあるから、その供用すべき物品について物品管理官に対し供用のための払出しを請求しなければならない（法第二〇条第一項）。この請求は、物品の品目、規格、数量及び用途を明らかにしてしなければならない（令第二六条）。

物品管理官は、物品供用官からの請求により払出命令を発し、又はみずから払出しをすることとなるが、たとえ、物品供用官からの請求がなくとも、自発的に自己の権限として払出命令を発し、又は払出しをすることもできる。物品管理官は、供用の必要性を最終的に判断する機関であるから、当然のことであろう。どちらの場合にも、物品供用官に対し、供用の目的を明らかにして、受領命令を発し、受領させることになる（法第二〇条第二項、則第二〇条第二項）。

物品供用官が設けられていない場合には、もちろん、このような請求、受領命令等は、存在しない。

供用のための払出命令又は払出しは、特に必要がある場合のほかは、庁中常用の事務用雑品については毎月通常必要と認められる数量を、その他の物品については必要に応じ必要な数量を限りしなければならない（則第二〇条第一項）。

物品供用官（物品供用官を置かない場合にあっては物品管理官）は、物品を供用する場合には、その実情を把握するため、その物品の使用職員を明らかにしておかなければならない（令第二七条）。また、二人以上の職員がともに使用する物品、いわゆる共用物品については、これらの職員のうちの主任者を明らかにしておかなければならない（則第二一条）。主任者は、物品管理の手続上から便宜的に設けられたものであって（則第二四条第一項参照）、主任者としての地位のみから直ちに、亡失、損傷等の責任が生ずるものではない。

以上、供用が開始される場合について説明してきたが、供用が終了する場合についても、その方向が全く逆であるだけで、ほぼ同様の関係が説明できる。

物品供用官は、供用中の物品で供用の必要がないもの、修繕若しくは改造を要するもの又は供用することができないものがあると認めるときは、その旨を物品管理官に報告しなければならない（法第二一条第一項）。報告は、供用の必要がない物品、修繕又は改造を要する物品及び供用することができない物品の別に応じ、当該物品がこれらに該当する理由並びにその分類、品目、数量及び現況その他必要な事項を明らかにしてしなければならない（則第二二条第一項）。物品管理官は、この報告等によりそのような物品があると認めるときは、物品供用官に対し、当該物品の返納を命じなければならない（法第二一条第二項）。ただし、供用中の物品で物品管理官が定める軽微な修繕又は改造を要するものについては、物品供用官は、前記の報告をする必要はなく、また、物品管理官は、物品供用官に対して返納を命ずる必要はない（同条第三項）。この規定は、事務簡素化に資するため、特定の場合は、物品供用官もまた修繕又は改造のため必要な措置を直接契約等担当職員その他関係の職員に請求できることとした（法第二六条第二項）規定とともに、昭和四十年の法改正において新設されたものである。物品管理官は、物品供

（供用手続）

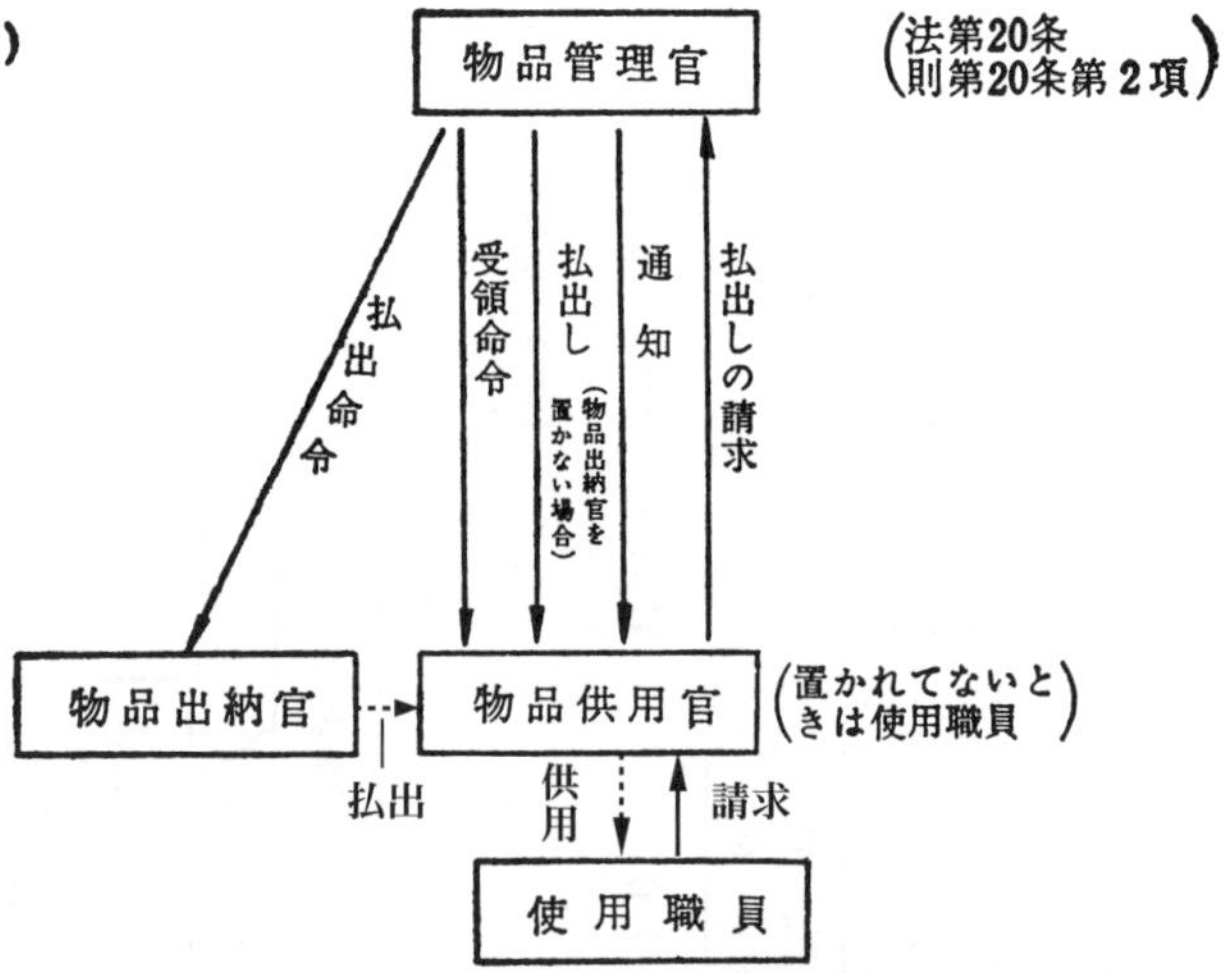
法第20条
則第20条第２項
物品管理官
払出命令
受領命令
払出し
（物品出納官を置かない場合）
通知
払出しの請求
物品出納官
物品供用官
（置かれてないときは使用職員）
払出
供用
請求
使用職員

（返納手続）

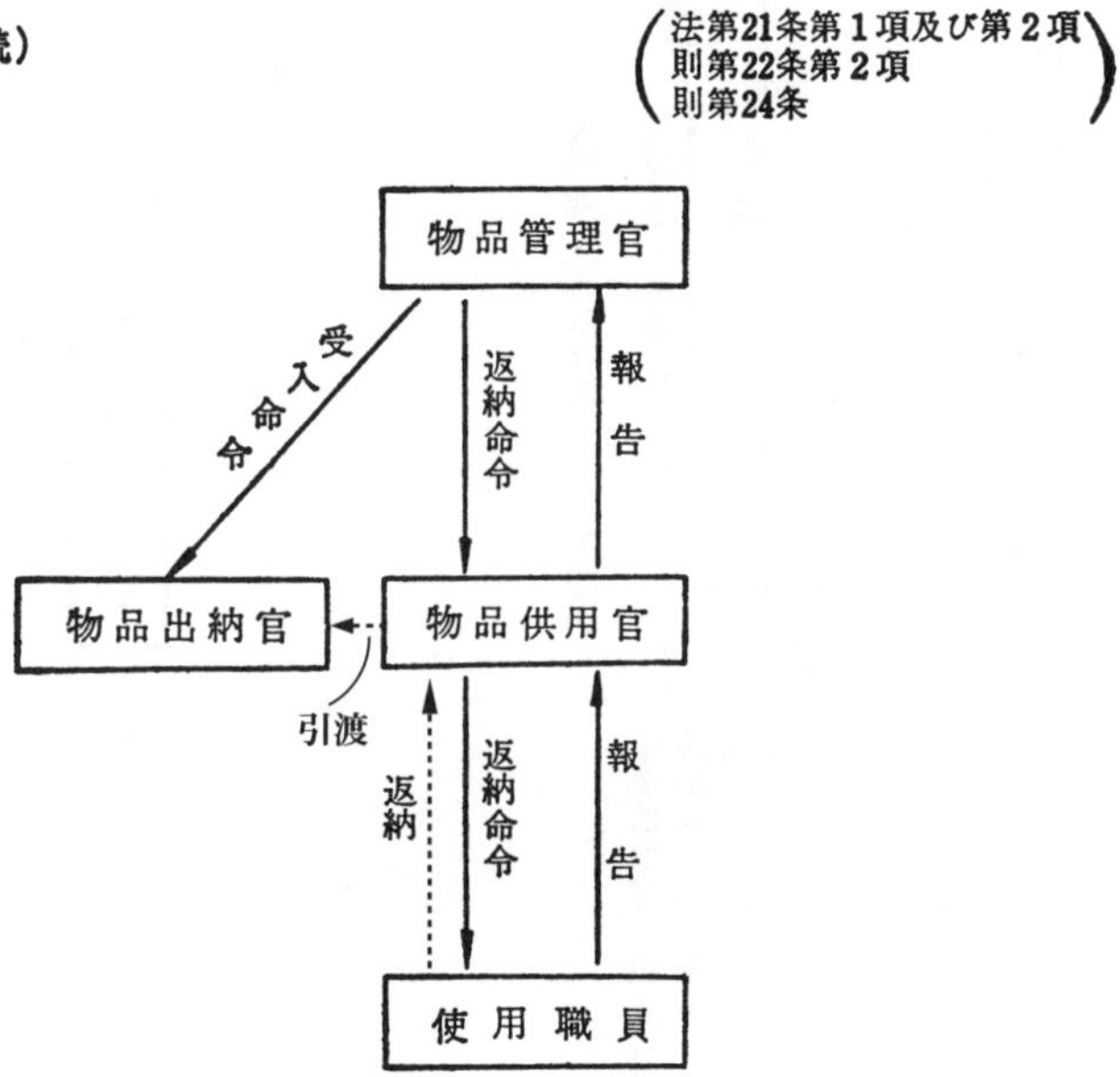
法第21条第１項及び第２項
則第22条第２項
則第24条
物品管理官
受入命令
返納命令
報告
物品出納官
物品供用官
引渡
返納
返納命令
報告
使用職員

(供用換)

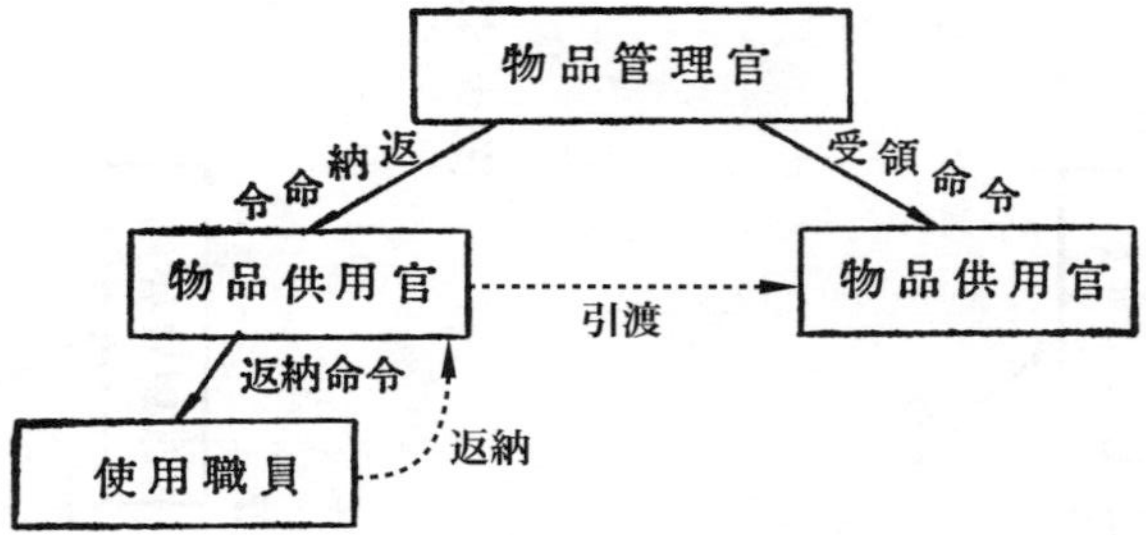

(則第23条
則第24条第２項)

(修繕又は改造の手続)

(a)供用中の物品で軽微な修繕又は
改造を要するもの

(法第21条第３項
法第26条第２項及び第３項
則第31条第１項)

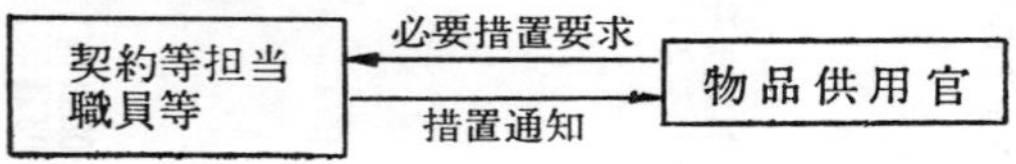

(b)保管中の物品及び(a)以外の供用中の物品

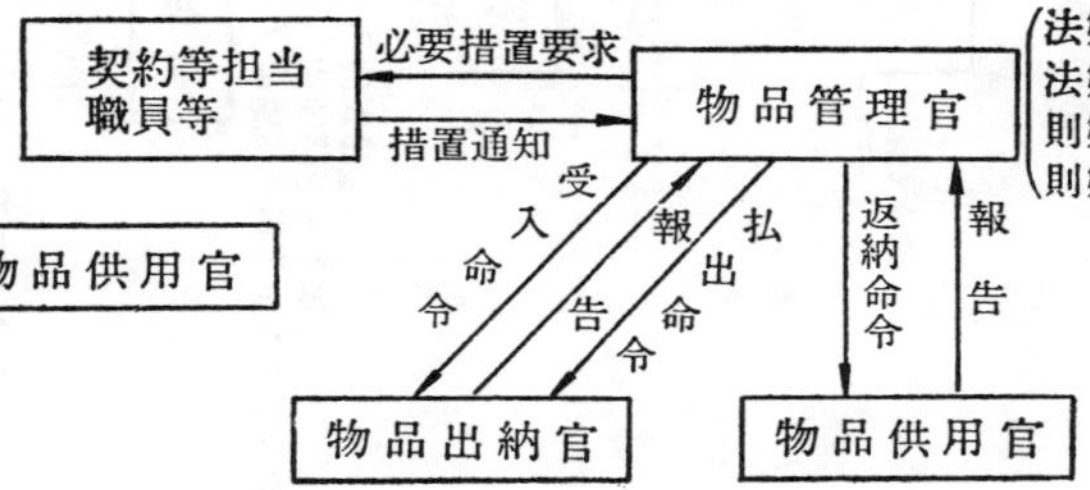

(法第21条第１項及び第２項
法第26条第１項
則第22条第２項
則第31条)

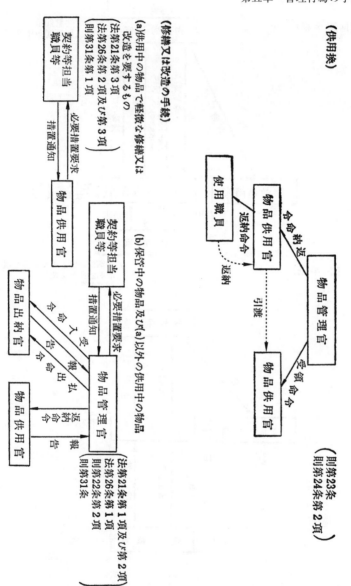

用官から報告がなくとも、自発的に自己の権限として、物品の返納を命ずることができる（法第二一条第二項）。

従来の返納命令が、供用官に対する場合は、単に供用状態の停止命令であって、現実に物品を移動させる内容をもつものではなかったのに対して、現行の返納命令は、単に供用状態の停止のみでなく、現実に物品を移動させる内容をもつものである。したがって、返納命令の内容は、場合によって、物品出納官の手もとに引き渡すもの、他の供用官へ移すもの（供用換）、他の物品管理官へ移すもの（管理換）等がある。

物品の修繕又は改造は、契約により国以外の者が行うか、部内の修繕、改造の作業を担当する機関が行うのであるから、物品管理官又は物品供用官は、修繕又は改造を要する物品（物品供用官にあっては、軽微な修繕・改造を要するものに限る。）があるときは、契約等担当職員その他関係の職員に対し修繕又は改造のための必要な措置を請求しなければならない（法第二六条第二項）。この場合の手続は、先に説明した取得の措置請求の場合における手続と同様である（同条第三項）。

供用に関連する諸手続についての図解は、前二ページに掲げた。

第三節　保管

物品は、原則として、国の施設において、良好な状態で常に供用又は処分をすることができるように保管しなければならない（法第二二条）。

良好な状態で常に供用又は処分ができるように保管するための具体的方法を、則第二十五条に規定しているが、常識的なことがらであり、特に説明は要しないであろう。

物品を国の施設において保管することとしているのは、確実な保管施設を確保し、同時に国の経費を極力節減させる趣旨に基づくものである。しかしながら、この原則に固執することは、場合によってはかえって物品の効率的な供用又は処分を妨げることもありうるので、「物品管理官が国の施設において保管することを物品の供用又は処分の上から不適当であると認める場合その他特別の理由がある場合」には、国以外の者の施設に保管することを認めている（法第二二条ただし書）。具体的な例としては、ガソリン、爆発物など保管のために特別の施設を必要とするもの、工事用材料など臨時的に極めて大量に保管を必要とするもの、米穀など大量のものを一定時期に特定の場所に保管する必要のあるもの等を保管する場合が考えられる。かかる物品を保管するため、特に保管施設を新しく建設するようなことは、一般に得策でないことは明らかであろう。

国以外の施設において保管する方法としては、物品を寄託する方法と、国が倉庫等の保管施設を借り上げて国の有する施設におけると同様にして保管する方法との二つが考えられる。

寄託契約による場合は、物品の所有権は国にあるが、物品自体は国の占有下から離れるので、物品の移動としては、第四節に述べるところの「処分」に属する。

国以外の者の施設において保管を必要とする場合は、物品管理官は、契約等担当職員に対して、保管を必要とする物品の品目、数量及び保管期間並びに物品の管理上保管について附すべき条件を明らかにして、保管のため必要な措置を請求する（令第二八条第一項）。

契約等担当職員が保管のため必要な措置がとれない場合の物品管理官に対する通知、措置をとった場合の通知等については、取得の場合におけると同様であるから、説明は省略する（令第二八条第二項、則第二六条）。

施設等を借り上げて保管させることの判断を物品管理官が行うことは、不動産の借り上げの必要性の有無を物品の管理を行う機関が判断することになるが、目的が物品保管のためということにある以上、その必要性の有無を実質的に判断できるものは物品管理官以外にはないのであるから、不当ではないと考える。

契約等担当職員が措置した結果、国以外の者の保管施設を借り上げることとなった場合は、物品出納官が置かれている限り、物品の出納保管にあたる者は物品出納官であることに変りはないが、保管場所の変更という重要な変化が生じているのであるから、物品管理官は、関係物品出納官に対して、借上施設の場所及び借上期間並びにこれに保管すべき物品の品目及び数量等必要な事項を通知するものとしている（則第二七条第一項）。

国以外の者の施設における保管が寄託によって行われる場合には、処分により国以外の者に占有が移転することとなるので、物品管理官又は物品出納官の保管から離脱するわけであり、手続的には払出し又は払出命令（供用中の物品であるなら返納命令）によって国以外の者に引き渡される必要がある。したがって、この場合は、管理換の場合における保管中又は供用中の物品の移動の手続が準用される（則第二七条第二項）。

次に、物品の出納である。出納に関する命令、すなわち出納命令は、物品管理官から物品出納官に対してなされる（法第二三条）。

物品管理事務は金銭会計事務とはその質を異にするので、金銭会計機関の場合のように命令機関と執行機関とは厳格に相対立するものとしては扱われておらず、物品出納官の権限は物品管理官によって委任されたものとなっている（法第九条第一項）。しかしながら、物品出納官が設けられた場合は、物品管理官と物品出納官との兼職は禁止され（則第六条）、また、物品出納官は、出納命令なくして物品の出納を行いえないこととしているので（法第二四条）、相互牽制の構造はやはり確保されているということができよう。

出納命令において明らかにすべき事項は、物品の分類、品目、規格、数量及び出納時期並びに出納すべき物品の引渡しを受けるべき者（又は引渡しをなすべき者）とされている（法第二三条、令第二九条）。

物品出納官は、出納命令に係る物品を出納しようとするときは、その出納が命令の内容に適合しているかどうかを確認しなければならない（令第三〇条）。

出納命令は、具体的には「受入命令」と「払出命令」の二者から成る。物品出納官が出納命令を受けた場合は、物品を受け取るべき、又は引き渡すべき相手方がある筈であるが、これら相手方の権限は、物品管理官において事前に出納命令の写しその他適宜の証明書類を交付して、明らかにすべきものとし（則第二九条第一項）、相手方は、現実に物品の引渡しを受け、又は物品を引渡す場合には、これらの書類を提示すべきものとされている（同条第二項）。

物品管理法は当初、物品出納官に毎会計年度末現在における物品の保管状況の物品管理官に対する報告を義務付けていたが、保管状況の点検を毎会計年度末に限り、しかも保管物品のすべてについて同時に行うことは事務的に困難であること、及び法の規定をまつまでもなく、物品管理官と物品出納官との関係及びその職務からみて両者は常時相互に密接に連絡をとられなければならないものであるから、物品の保管状況は物品管理官において当然に把握されるものであることを理由として、この保管状況報告制度は、昭和四十年の法改正により廃止された。

先に第二節において、物品供用官の供用不要物品等の返納措置について述べたが、物品出納官も、その保管中の物品のうちに供用若しくは処分することができないもの又は修繕若しくは改造を要するものがあると認めるときは、その旨を物品管理官に報告しなければならない（法第二六条第一項）とされている。ただし、修繕若しくは改造を要するもの又は供用できないものとし、物品供用官から返納を受けた物品については、物品供用官から物品管理官に対しすでにその旨の通知がなされているから、この物品出納官の報告は、必要がない。

物品管理官が修繕又は改造のためにとるべき措置については、第二節で説明したところである。

第四節　処分

物品管理法では、「処分」という語を多様の意味に用いている。一つは私法上通常使われる管理、処分といった場合の処分、すなわち、物又は権利の得喪、変動を生ずる一切の行為の意味であり、今一つは、それより狭く、例えば、国の事業会計でその製造品を売り払うというような場合の、国の事務又は事業の目的に従い用途に応じて行う処分である。法は、この両者の使い分けを条文の上で明記している（法第三条）。すなわち、物品管理法では、一般に処分という語を用いるときは、後者の目的的処分を意味させるが、法第十九条第一項で契約等担当職員の定義に用いる場合、法第三十一条第一項で物品管理職員の責任を負うべき行為の一態様を表現する場合並びに法第三章第四節の節名として不用決定、売払、貸付及び出資等を総称する場合に限り、前者の広い意味をもたせることにしている。なお、そのほかに、条文の上に現われてこないが、無目的処分あるいは整理処分というべき不用となった物品の整理のための処分がある。

一　不用の決定等（法第二七条）

物品管理官は、供用及び処分（目的的処分の意）の必要がない物品について管理換若しくは分類換の方法により適切な処理をすることができないとき、又は供用及び処分をすることができない物品があるときは、これらの物品について不用の決定をすることができる（法第二七条第一項）。不用の決定そのものは、物品の処分（整理処分の意）ではないが、その前段階となる行為である。

不用の決定がなされた物品は、可能な限りこれを売り払って収入を上げるべきであるが、売払のための経費が売払収入を上回るような、売り払うことが国にとって不利となる物品、売り払うことにより国の機密がもれるおそれがあり又は公序良俗に害を与えるおそれがある物品のような、売り払うことが不適当と認められる物品、あるいは、買受人がないため売り払うこと自体が不可能であるような物品については、廃棄することを認めている（法第二七条第二項）。

不用の決定及び廃棄は物品管理官が行うが、各省各庁の長の定める基準に従って行わなくてはならない（令第三五条）。これは不経済な不用の決定、廃棄を防止するとともに、物品管理官が個々の場合の判断を下すにあたって煩わされないよう指針を与えるためである。しかしながら、この基準を過度に厳格にすると、物品管理官の手もとに死過蔵品を温存する結果にもなりかねないので、留意しなければならない。

物品管理官は、不用の決定をするにあたっては、前述の基準に従うと同時に、特定の物品については、あらかじめ、各省各庁の長又はその委任を受けた当該各省各庁所属の外局の長等の承認を受けなければならない（法第二七条第一項)。この特定の物品は、令第四十三条第一項に規定する機械、器具及び美術品(すなわち、物品増減及び現在額報告書の対象物品たる機械、器具及び美術品)その他各省各庁の長が指定する物品である(令第三三条)。物品管理官が上記の承認を受けようとする場合には、処分の予定、すなわち、売払、解体又は廃棄の別を明らかにし、売払の場合にあっては、その時期及び場所その他必要な事項を、解体の場合にあっては、解体が適当であると認める理由、解体の時期及び解体後の処理その他必要な事項を、廃棄の場合にあっては、廃棄が適当であると認める理由その他必要な事項を明らかにしなければならない(令第三四条、則第三二条)。

不用の決定がなされた場合の整理手続には、分類換に関する整理手続が準用される(則第三三条)。すなわち、物品管理官が不用の決定をした時は、当該物品を保管し、若しくは供用する物品出納官又は物品供用官に対し当該物品の分類、品目及び数量を明らかにして、不用の決定をした旨を通知し、物品について不用品たる標示を付けさせるものとしている。

ここで注意すべきは、不用の決定は、物品がそのもの自体としては使用されないことになる場合には必ずなされなければならないということである。例えば、古トラックを解体するような場合、エンジンとかラジオとかの部品は、まだ寿命があり、他用途に活用しうるような場合があるかもしれないが、トラック自体の効用は失われるのであるから、一旦不用の決定がなされなければならない。取り出されたエンジンとかラジオは、新たに取得として整理されることになる。

二　売払（法第二八条）

売払を目的とする物品又は不用の決定がされた物品についてのみ、売り払うことができる（法第二八条第一項）。

売払に関する事務の手続については、取得において説明したところを類推すればよい。

売払の意思決定は物品管理官が行い、物品管理官が契約等担当職員に売払のため必要な措置の請求をし、契約等担当職員は請求に基づいて売払のため必要な措置をする（法第二八条第二項、第三項）。

売払のための措置の請求は、売払物品の品目、数量、売払時期等の事項を明らかにしてしなければならない（令第三六条第一項）。

請求の省略、請求に基づく売払の措置がとれない場合の物品管理官に対する通知及びその省略、並びに措置をとった場合の通知及びこれを受けた物品管理官がとるべき手続は、取得のための措置における場合と同様である（令第三六条第二項、則第三五条）。

三　貸付（法第二九条）

貸付を目的とする物品又は貸し付けても国の事務事業に支障を及ぼさないと認められる物品についてのみ、国以外の者に貸し付けることができる（法第二九条第一項）。

貸付の手続については、売払の場合におけると同様であるので、省略する（法第二九条第二項、令第三六条、則第三五条）。

四　出資等の制限（法第三〇条）

物品は、法律に基づく場合を除くほかは、出資の目的とし、又はこれに私権を設定することができない（法第三〇条）。国有財産に関する出資等制限の規定（国有財産法第一八条、第二〇条）とは若干異なっているが、物品が国の事務事業の目的達成のための手段たる財であることの本質から、出資の目的とする場合又は私権を設定する場合には特に法律の定めを必要としたことは、当を得ていると思う。

処分手続きの図解

(a)　不用決定及び売払，廃棄，解体

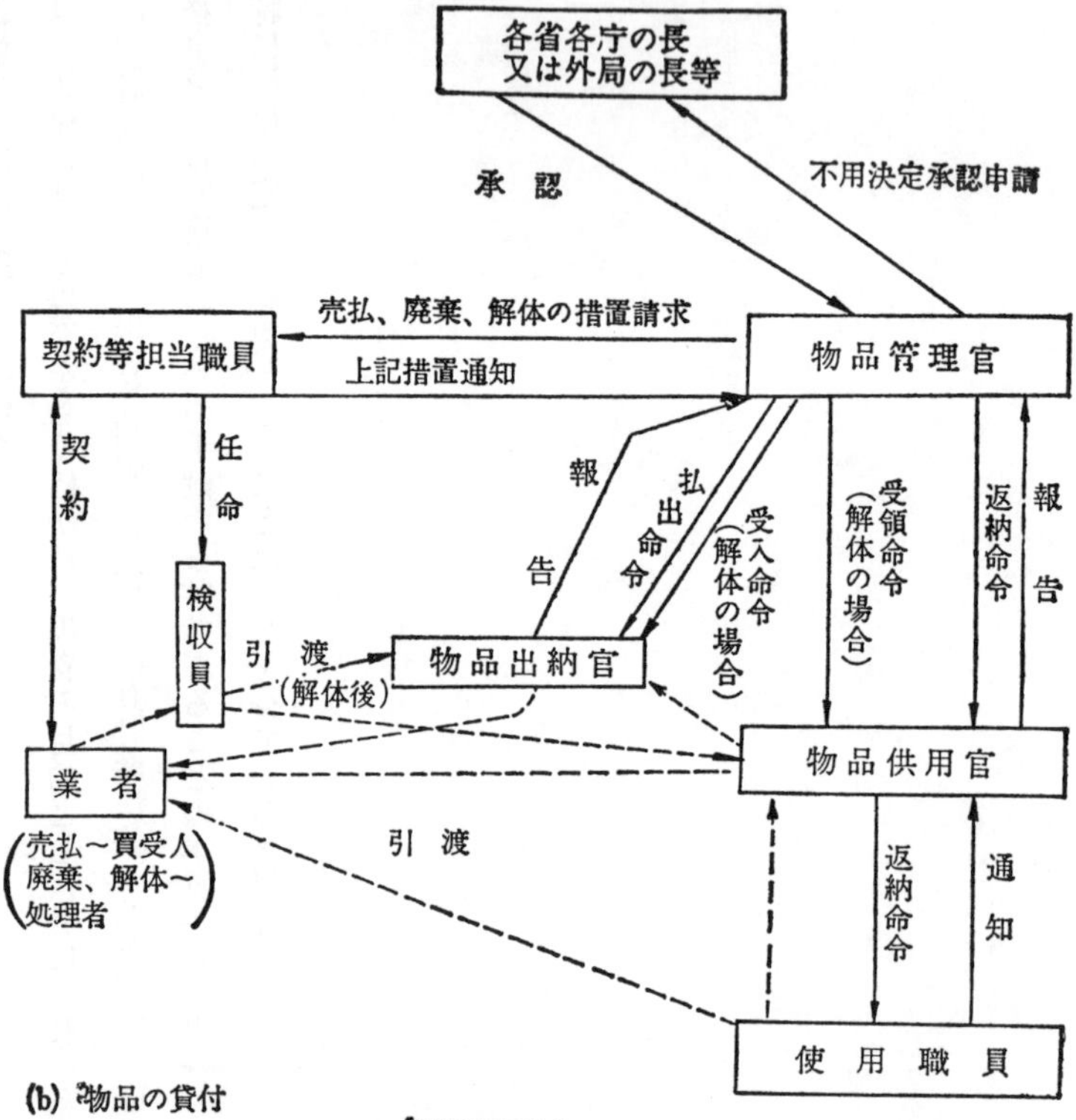

(b)　物品の貸付

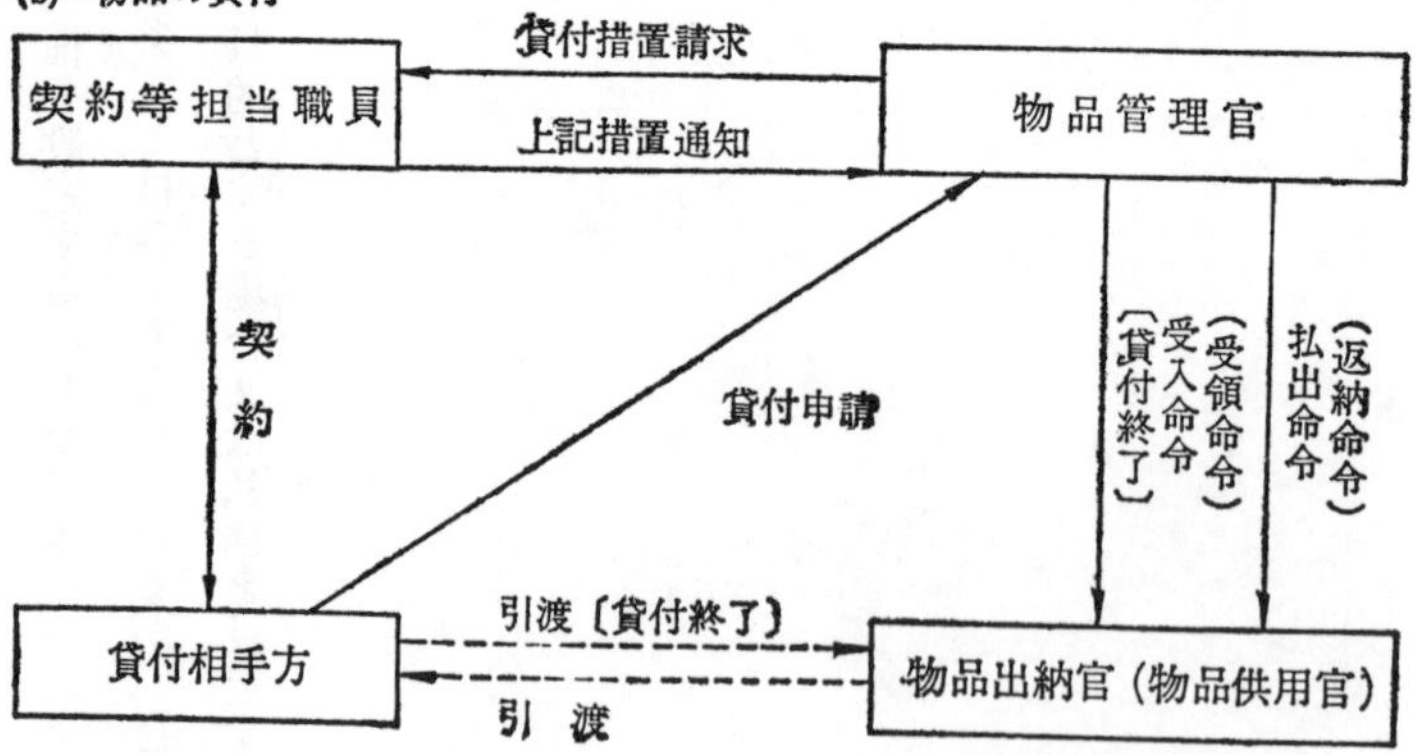

（　）内は、物品供用官に対する場合

第六章　調　整

物品の管理についての前述の制度は、物品の適正かつ効率的な供用その他良好な管理のため必要な基本的制度であって、すべての国の物品について、また、国のすべての官署において、これを適用することが理論的には好ましいが、金銭会計においても、特定の場合には、簡便な機構、簡略な処理を認めているように、物品の管理についても、特定の場合には、法の一部の規定の適用を除外する、いわば調整を加える必要があり、そうすることによって、実状に即した物品の管理が行われうるというべきであろう。

調整の第一は、法第四十条に規定している適用除外である。特定の物品について法の一部の適用を除外しようとするものであって、その物品及び適用を除外される法の規定は、次のとおりである（令第四七条、則第四四条）。

(1)　災害の発生に際し応急の用に供する物品で、各省各庁の長が財務大臣に協議して定めるもの（各省各庁の長の定めるところにより物品管理官に引き継いだものを除く。）

災害の発生という異常事態において応急の用に供される物品を、通常の状態を前提としての体制で管理することは適当ではないからである。

(1)に掲げた物品については、実質的には、財務大臣の総括権限、関係職員の行為の制限、保管原則、売払又は貸付のできる場合、出資等の制限及び使用職員の責任に関する規定しか適用にならない。

(2)　国の事務の運営に必要な書類

書類は物理的用益に着目して管理しているものではなく、書類に記載された内容に着目して利用しているに過ぎない点と、各省各庁の内部において文書取扱いに関する規程等が整備されている実状に鑑みて定められたものである。

(3)　小切手用紙及び国庫金振替書用紙

これらは、小切手等の取扱いを規制する現金会計の分野に属すべきものであり、小切手振出等事務取扱規程によって別途厳重な取扱いが行われることになっているからである。

(4)　法令の規定により国において没収し、没取し、若しくは収去し、又は国庫に帰属した物品（各省各庁の長の定めるところにより物品管理官に引き継いだものを除く。）

これらの物品は、積極的に国が計画の下に取得したものではなく、法令の規定によって没収等をしたことにより国に帰属したものであり、いわば、無目的に国の所有に属したものであるから、当初から目的的に取得した一般の物品とは区別して然るべきであろう。

(5)　国の事務の処理に必要な物品で法令の規定によって国の機関に占有のみを移して保管するもの

刑事事件における証拠品の如きものであるが、刑事訴訟法その他特別法に規定があり、それらの規定によって別個に規制されることの方が実体的にも好ましいと考えられたからである。

以上(2)～(5)に掲げた物品については、実質的に適用される規定は、前記の(1)の物品に適用される規定から使用職員の責任の規定を除いた残りの規定である。

(6) 義務教育諸学校の教科用図書の無償措置に関する法律（昭和三八年法律第一八二号）第四条の規定に基づき購入した教科用図書

この法律に基づき、義務教育諸学校の児童及び生徒が使用する教科用図書は、国の負担において無償で給与されることになっている。これらの教科用図書は、国の物品ではあるが、通常の物品管理の過程を経ることなく、教科用図書の出版社から小学校を所管する設置者に引き渡されるものであるため、物品管理法の全面的適用は、意味がないこととなる。

(7) 障害のある児童及び生徒のための教科用特定図書等の普及の促進等に関する法律（平成二〇年法律八一号）第十一条の規定に基づき購入した教科用特定図書等

この法律に基づき、障害のある児童及び生徒が使用する教科用特定図書等は、義務教育諸学校の教科用図書と同様の手続により、国の負担において無償で給与されることになっている。そのため、これらの教科用特定図書等は、義務教育諸学校の教科用図書と同様の取扱いをすべきと考える。

以上(6)～(7)に掲げた物品については、前記(2)～(5)の物品に適用される規定から、更に保管の原則の規定を除いた残りの規定が適用される。

(8) 小規模官署における管理物品

令第四十七条第二項第四号は、職員の数が僅少で物品の管理に関する事務の分掌を困難とする事情がある官署において管理する物品で財務省令で定めるものが対象とされている。則第四十四条では、第一に、臨時に資金の前渡を受けた職員が当該資金により取得した物品、第二に、各省各庁の長が財務大臣に協議して定める官署において管理する物品をあげている。この協議は、従来個別に行われていたが、基準も一応確立されたので、協議事務の簡素化も考慮して、昭和三十八年三月十三日付大蔵大臣通知をもって、一定の要件を具備するときは、各省各庁の長と大蔵大臣との協議が整ったものとして各省各庁限りで適用除外官署を指定することができる制度を設けた。更に、昭和四十年四月一日付蔵計第七七一号大蔵大臣通達6によって、この要件は、次のように定められた。

1　職員の数がおおむね五十人以下であること。

2　毎会計年度の当該官署における物品の取得（管理換による増を含む。）及び維持管理に直接要する経費が事業を行う官署又は物品の取扱いを主な業務とする官署にあっては、おおむね二千万円以下、その他の官署にあっては、おおむね一千万円以下であること（行政組織に関する法令の制定又は改正に伴い新たに設置された官署にあっては、その新設された会計年度及びその翌会計年度においては、これらの金額以上であっても差し支えないこと。）。

小規模官署の具体的な例としては、在外公館、裁判所支部及び簡易裁判所、税務署、労働基準監督署、公共職業安定所、国土交通省の各工事事務所のようなものがある。

このグループについて適用が除外される規定は、前記(1)～(7)に比べて比較的少なく、物品出納官及び物品供用官に対する事務の委任、都道府県の行う事務、物品の管理に関する計画、物品出納官及び物品供用官の事務手続規定及び検査の規定である。

なお、前記(1)～(8)によって適用除外となる物品については適用除外のまま空白の状態にしておくことが当然認められるわけではなく、各省各庁の長が物品の管理について必要な事項を定めることとしている（令第四七条第三項)。

以上の適用除外の物品と規定との関係については図をみていただきたい。

調整に関する第二は、則第四十六条の規定である。すなわち、各省各庁の長は、その所管する物品の管理について、則の規定により難いときは、あらかじめ、財務大臣に協議してその特例を設けうることとし、当該官署の実状にあった物品の管理手続をとりうるよう配慮されている。

物品管理法適用除外物品及び適用除外規定　　（○印適用除外規定）

<table>
<tr><th>物品（令の規定）／法の規定</th><th>国の事務の運営に必要な書類（§47 Ⅰ）</th><th>用紙、法令により帰属した物品等（§47 Ⅱ 1号～3号）</th><th>職員僅少官署物品（§47 Ⅱ 4号）</th><th>教科用図書、教科用特定図書等（§47 Ⅱ 5、6号）</th><th>災害における応急物品（§47 Ⅱ 7号）</th></tr>
<tr><td>§1（目的）</td><td colspan="2"></td><td></td><td></td><td></td></tr>
<tr><td>2（定義）</td><td colspan="2"></td><td></td><td></td><td></td></tr>
<tr><td>3（分類）</td><td colspan="2">○</td><td></td><td>○</td><td>○</td></tr>
<tr><td>4（所属分類の決定）</td><td colspan="2">○</td><td></td><td>○</td><td>○</td></tr>
<tr><td>5（分類換）</td><td colspan="2">○</td><td></td><td>○</td><td>○</td></tr>
<tr><td>6（他の法令との関係）</td><td colspan="2"></td><td></td><td></td><td></td></tr>
<tr><td>7（管理の機関）</td><td colspan="2"></td><td></td><td></td><td></td></tr>
<tr><td>8（物品管理官）</td><td colspan="2">○</td><td></td><td>○</td><td>○</td></tr>
<tr><td>9（物品出納官）</td><td colspan="2">○</td><td>○</td><td>○</td><td>○</td></tr>
<tr><td>10（物品供用官）</td><td colspan="2">○</td><td>○</td><td>○</td><td>○</td></tr>
<tr><td>10の2（事務の代理等）</td><td colspan="2">○</td><td></td><td>○</td><td>○</td></tr>
<tr><td>11（都道府県の行う事務）</td><td colspan="2">○</td><td>○</td><td>○</td><td>○</td></tr>
<tr><td>12（管理事務の総括）</td><td colspan="2"></td><td></td><td></td><td></td></tr>
<tr><td>13（物品の管理に関する計画）</td><td colspan="2">○</td><td>○</td><td>○</td><td>○</td></tr>
<tr><td>14（削除）</td><td colspan="2">○</td><td>○</td><td>○</td><td>○</td></tr>
<tr><td>15（供用又は処分の原則）</td><td colspan="2">○</td><td></td><td>○</td><td>○</td></tr>
<tr><td>16（管理換）</td><td colspan="2">○</td><td></td><td>○</td><td>○</td></tr>
<tr><td>17（管理の義務）</td><td colspan="2"></td><td></td><td></td><td></td></tr>
<tr><td>18（関係職員の行為の制限）</td><td colspan="2"></td><td></td><td></td><td></td></tr>
<tr><td>19（取得手続）</td><td colspan="2">○</td><td></td><td>○</td><td>○</td></tr>
<tr><td>20（供用手続）</td><td colspan="2">○</td><td>○</td><td>○</td><td>○</td></tr>
<tr><td>21（返納手続）</td><td colspan="2">○</td><td>○</td><td>○</td><td>○</td></tr>
</table>

<table>
<tr><th>物品
（令の規定）
法の規定</th><th>国の事務の運営に必要な書類
（§47 Ⅰ）</th><th>用紙、法令により帰属した物品等
（§47 Ⅱ 1号～3号）</th><th>職員僅少官署物品
（§47 Ⅱ 4号）</th><th>教科用図書、教科用特定図書等
（§47 Ⅱ 5、6号）</th><th>災害における応急物品
（§47 Ⅱ 7号）</th></tr>
<tr><td>§22（保管の原則）</td><td colspan="2"></td><td></td><td>○</td><td></td></tr>
<tr><td>23（出納命令）</td><td colspan="2">○</td><td>○</td><td>○</td><td>○</td></tr>
<tr><td>24（出納）</td><td colspan="2">○</td><td>○</td><td>○</td><td>○</td></tr>
<tr><td>25（削除）</td><td colspan="2">○</td><td>○</td><td>○</td><td>○</td></tr>
<tr><td>26（供用不適品等の処理）</td><td colspan="2">○</td><td>Ⅰ｝○</td><td>○</td><td>○</td></tr>
<tr><td>27（不用の決定等）</td><td colspan="2">○</td><td></td><td>○</td><td>○</td></tr>
<tr><td>28（売払）</td><td colspan="2">Ⅱ Ⅲ｝○</td><td></td><td>Ⅱ Ⅲ｝○</td><td>Ⅱ Ⅲ｝○</td></tr>
<tr><td>29（貸付）</td><td colspan="2">Ⅱ｝○</td><td></td><td>Ⅱ｝○</td><td>Ⅱ｝○</td></tr>
<tr><td>30（出資等の制限）</td><td colspan="2"></td><td></td><td></td><td></td></tr>
<tr><td>31（物品管理職員等の責任）</td><td colspan="2">○</td><td></td><td>○</td><td>Ⅰ｝○</td></tr>
<tr><td>32（亡失又は損傷等の通知）</td><td colspan="2">○</td><td></td><td>○</td><td></td></tr>
<tr><td>33（検定前の弁償命令）</td><td colspan="2">○</td><td></td><td>○</td><td>○</td></tr>
<tr><td>34（削除）</td><td colspan="2">○</td><td>○</td><td>○</td><td>○</td></tr>
<tr><td>35（準用動産）</td><td colspan="2"></td><td></td><td></td><td></td></tr>
<tr><td>36（帳簿）</td><td colspan="2">○</td><td></td><td>○</td><td>○</td></tr>
<tr><td>37（物品増減及び現在額報告書）</td><td colspan="2">○</td><td></td><td>○</td><td>○</td></tr>
<tr><td>38（国会への報告等）</td><td colspan="2">○</td><td></td><td>○</td><td>○</td></tr>
<tr><td>39（検査）</td><td colspan="2">○</td><td>○</td><td>○</td><td>○</td></tr>
<tr><td>40（適用除外）</td><td colspan="2"></td><td></td><td></td><td></td></tr>
<tr><td>40の2（オンライン通則法の適用除外）</td><td colspan="2"></td><td></td><td></td><td></td></tr>
<tr><td>40の3（電磁的記録による作成）</td><td colspan="2"></td><td></td><td></td><td></td></tr>
<tr><td>40の4（電磁的方法による提出）</td><td colspan="2"></td><td></td><td></td><td></td></tr>
<tr><td>41（政令への委任）</td><td colspan="2"></td><td></td><td></td><td></td></tr>
</table>

付録（関係法令）

○物品管理法

(昭和三十一年五月二十二日法律第百十三号)

改正 昭和三一年 六月一二日法律第一四八号
同 四〇年 四月 一日同 第 四一号
同 四五年 六月 一日同 第一一一号
同 四六年 六月 一日同 第 九六号
平成一一年 七月一六日同 第 八七号
同 一一年一二月二二日同 第一六〇号
同 一四年 七月三一日同 第 九八号
同 一四年一二月一三日同 第一五二号
同 一八年 六月 七日同 第 五三号
令和 元年 五月三一日同 第 一六号

目次

第一章 総則(第一条―第六条)
第二章 物品の管理の機関(第七条―第十二条)
第三章 物品の管理(第十三条―第三十条)
第一節 通則(第十三条―第十八条)
第二節 取得及び供用(第十九条―第二十一条)
第三節 保管(第二十二条―第二十六条)

○物品管理法施行令

(昭和三十一年十一月十日政令第三百三十九号)

改正 昭和三三年 五月一五日政令第一二五号
同 三八年 三月 一日同 第 三八号
同 三九年 二月二四日同 第 一九号
同 四〇年 四月 一日同 第一一〇号
同 四四年一二月一七日同 第三〇〇号
同 四六年一一月二六日同 第三五二号
同 五三年 三月二八日同 第 四八号
同 五六年一〇月二七日同 第三一〇号
平成一二年 二月一四日同 第 三二号
同 一二年 六月 七日同 第三〇七号
同 一四年一二月一八日同 第三八五号
同 一八年 五月 八日同 第一九三号
同 一八年一一月二二日同 第三六一号
同 一九年 五月二五日同 第一六八号
同 二〇年 九月一二日同 第二八一号
同 二二年一一月一二日同 第二二四号
同 二七年 三月二五日同 第 九三号

目次

第一章 総則(第一条―第四条)
第二章 物品の管理の機関(第五条―第十条)
第三章 物品の管理

○物品管理法施行規則

(昭和三十一年十二月二十九日大蔵省令第八十五号)

改正 昭和三四年 六月 六日大蔵省令第四五号
同 三八年 三月三一日同 第一三号
同 四〇年 四月 一日同 第一九号
同 四三年一〇月 七日同 第五二号
同 四三年一一月一九日同 第五六号
同 四四年一二月一七日同 第六〇号
同 四六年一一月三〇日同 第八一号
同 五六年 三月二〇日同 第 三号
同 五九年 九月二一日同 第三六号
平成 元年 四月 六日同 第四三号
同 七年 三月二四日同 第 五号
同 一二年 九月二九日同 第七五号
同 一五年 三月三一日財務省令第四八号
同 二二年一一月一二日同 第五四号
令和 元年 五月 七日同 第 一号
同 元年 六月二一日同 第 五号

目次

第一章 総則(第一条―第五条)
第二章 物品の管理の機関(第六条・第七条)
第三章 物品の管理
第一節 通則(第八条―第十六条)

第一章　総則

（目的）

第一条　この法律は、物品の取得、保管、供用及び処分（以下「管理」という。）に関する基本的事項を規定することにより、物品の適正かつ効率的な供用その他良好な管理を図ることを目的とする。

（定義）

第二条　この法律において「物品」とは、国が所有する動産のうち次に掲げるもの以外のもの及び国が供用のために保管する動産をいう。

一　現金

二　法令の規定により日本銀行に寄託すべき有価証券

三　国有財産法（昭和二十三年法律第

第一章　総則

（定義）

第一条　この政令において「管理」、「物品」、「供用」、「各省各庁の長」、「各省各庁」、「分類」、「分類換」、「物品管理官」、「分任物品管理官」、「物品出納官」、「分任物品出納官」、「物品供用官」、「物品の管理に関する計画」、「管理換」、「契約等担当職員」、「物品管理職員」又は「物品の管理行為」とは、

第一章　総則

（定義）

第一条　この省令において「管理」、「物品」、「供用」、「各省各庁の長」、「各省各庁」、「分類」、「細分類」、「分類換」、「物品管理官」、「分任物品管理官」、「物品出納官」、「分任物品出納官」、「物品供用官」、「管理換」若しくは「契約等担当職員」又は「物品管理官代理」、「分任物品管理官代理」、「物品

○物品管理法

七十三号）第二条第一項第二号又は第三号に掲げる国有財産

2　この法律において「供用」とは、物品をその用途に応じて国において使用させることをいう。

3　この法律において「各省各庁の長」とは、財政法（昭和二十二年法律第三十四号）第二十条第二項に規定する各省各庁の長をいい、「各省各庁」とは、同法第二十一条に規定する各省各庁をいう。

○物品管理法施行令

物品管理法（以下「法」という。）第一条、第二条、第三条第一項、第五条第一項、第八条第三項若しくは第六項、第九条第二項若しくは第五項、第十条第二項、第十三条第一項、第十六条第一項、第十九条第一項又は第三十一条第一項に規定する管理、物品、供用、各省各庁の長、各省各庁、分類、分類換、物品管理官、分任物品管理官、物品出納官、分任物品出納官、物品供用官、物品の管理に関する計画、管理換、契約等担当職員、物品管理職員又は物品の管理行為をいう。

（管理に関する権限の委任）

第二条　各省各庁の長は、法第五条第一項、法第十六条第一項、法第二十七条第一項又は法第三十三条第一項の規定により、分類換の命令、管理換の命令、不用決定の承認又は弁償の命令に関す

○物品管理法施行規則

出納官代理」、「分任物品出納官代理」若しくは「物品供用官代理」とは、物品管理法（昭和三十一年法律第百十三号。以下「法」という。）第一条、第二条、第三条第一項若しくは第三項、第五条第一項、第八条第三項若しくは第六項、第九条第二項若しくは第五項、第十条第二項、第十六条第一項若しくは第十九条第一項又は物品管理法施行令（昭和三十一年政令第三百三十九号。以下「令」という。）第八条第五項に規定する管理、物品、供用、各省各庁の長、各省各庁、分類、細分類、分類換、物品管理官、分任物品管理官、物品出納官、分任物品出納官、物品供用官、管理換若しくは契約等担当職員又は物品管理官代理、分任物品管理官代理、物品出納官代理、分任物品出納官代理若しくは物品供用官代理をいう。

第二条　削除

（分類）

第三条　各省各庁の長は、その所管に属する物品について、物品の適正な供用及び処分（国の事務又は事業の目的に従い用途に応じて行う処分に限る。第十九条第一項中契約等担当職員の意義に係る部分、第三章第四節の節名及び第三十一条第一項を除き、以下同じ。）を図るため、供用及び処分の目的に従い、分類を設けるものとする。

る権限を当該各省各庁所属の職員に委任する場合には、内閣府設置法（平成十一年法律第八十九号）第五十条の委員長若しくは長官、同法第四十三条若しくは第五十七条（宮内庁法（昭和二十二年法律第七十号）第十八条第一項において準用する場合を含む。）の地方支分部局の長、宮内庁長官、宮内庁法第十七条第一項の地方支分部局の長、国家行政組織法（昭和二十三年法律第百二十号）第六条の委員長若しくは長官、同法第九条の地方支分部局の長又はこれらに準ずる職員（以下「外局の長等」という。）に委任するものとする。

（分類）

第三条　法第三条第一項の分類は、会計の別及び予算で定める部局等の組織の別に区分し、更に当該区分の内において、予算で定める項の目的の別（資金（財政法（昭和二十二年法律第三十四号）第四十四条の規定による資金をいう。）の使用の目的の別を含む。）に区分して設けなければならない。ただし、当該目的の別の区分を更に区分し、又

○物品管理法

2　前項の分類は、各省各庁の予算で定める物品に係る経費の目的に反しないものでなければならない。ただし、当該経費の目的に従つて分類を設けることが、その用途を勘案し、適正かつ効率的な供用及び処分の上から、不適当であると認められる物品については、これに係る事務又は事業の遂行のため必要な範囲内で、当該経費の目的によらない分類をすることは、さしつかえない。

3　各省各庁の長は、物品の管理のため必要があるときは、第一項の分類に基き、細分類を設けることができる。

（所属分類の決定）

第四条　第八条第三項又は第六項に規定する物品管理官又は分任物品管理官は、その管理する物品の属すべき分類（前条第三項の規定による細分類を含む。以下同じ。）を、前条の規定による分類の趣旨に従つて、決定しなければならない。

○物品管理法施行令

は統合する等当該目的の別によらない分類を設けることが物品の用途を勘案し、適正かつ効率的な供用及び処分の上から適当であると認められる場合は、この限りでない。

第四条　削除

○物品管理法施行規則

（所属分類決定の手続）

第三条　物品管理官（分任物品管理官を含む。第六条、第三十七条の二第二項及び第四十二条を除き、以下同じ。）は、その管理する物品の属すべき分類（細分類を含む。以下同じ。）を決定したときは、第三十八条第一項を除き、当該物品を保管し、又は供用する物品出納官（分任物品出納官を含む。第六

（分類換）
第五条　各省各庁の長又は政令で定めるところによりその委任を受けた当該各省各庁所属の職員は、物品の効率的な供用又は処分のため必要があると認めるときは、前条の物品管理官又は分任物品管理官に対して、物品の分類換（物品をその属する分類から他の分類に所属を移すことをいう。以下同じ。）を命ずることができる。
2　物品管理官又は分任物品管理官は、

条、第三十七条の二第一項及び第四十二条を除き、以下同じ。）又は物品供用官にその分類、品目及び数量を明らかにして、所属分類を決定した旨を通知しなければならない。
2　物品出納官又は物品供用官は、前項の通知を受けたときは、その保管中又は供用中の物品について、各省各庁の長の定めるところに従い、分類、番号等の標示をしなければならない。
3　物品出納官又は物品供用官を置かない場合における前項の標示は、物品管理官がするものとする。
第四条　削除
（分類換の整理）
第五条　物品管理官は、その管理する物品の分類換をしたときは、当該物品を保管し、又は供用する物品出納官又は物品供用官に当該物品の分類、品目及び数量を明らかにして、分類換をした旨を通知しなければならない。
2　物品出納官又は物品供用官は、前項の通知を受けたときは、その保管中又は供用中の物品について、第三条第二項の規定による標示を変更しなければ

○物品管理法

前項の規定による命令に基づいて分類換をする場合を除くほか、物品の効率的な供用又は処分のため必要があると認めるときは、各省各庁の長（前項の委任を受けた職員があるときは、当該職員）の承認を経て、物品の分類換をすることができる。

（他の法令との関係）

第六条　物品の管理については、他の法律又はこれに基く命令に特別の定めがある場合を除くほか、この法律の定めるところによる。

第二章　物品の管理の機関

（管理の機関）

第七条　各省各庁の長は、その所管に属する物品を管理するものとする。

（物品管理官）

第八条　各省各庁の長は、政令で定めるところにより、当該各省各庁所属の職員に、その所管に属する物品の管理に関する事務を委任することができる。

2　各省各庁の長は、必要があるときは、

○物品管理法施行令

第二章　物品の管理の機関

（物品の管理事務の委任）

第五条　各省各庁の長は、法第八条第一項又は第四項の規定により当該各省各庁所属の職員に物品の管理に関する事務を委任し、又は分掌させる場合において、必要があるときは、同条第一項

○物品管理法施行規則

ならない。

3　第三条第三項の規定は、前項の標示の変更について準用する。

第二章　物品の管理の機関

（物品管理官と物品出納官の兼職の禁止）

第六条　物品管理官（分任物品管理官、物品管理官代理及び分任物品管理官代理を含む。以下この条において同じ。）と物品出納官（分任物品出納官、物品出納官代理及び分任物品出納官代理を

政令で定めるところにより、他の各省各庁所属の職員に、前項の事務を委任することができる。

3　各省各庁の長又は前二項の規定により物品の管理に関する事務の委任を受けた職員は、物品管理官という。

4　各省各庁の長は、必要があるときは、政令で定めるところにより、当該各省各庁所属の職員又は他の各省各庁所属の職員に、物品管理官の事務の一部を分掌させることができる。

5　第一項、第二項又は前項の場合において、各省各庁の長は、当該各省各庁又は他の各省各庁に置かれた官職を指定することにより、その官職にある者に当該事務を委任し、又は分掌させることができる。

6　第四項の規定により物品管理官の事務の一部を分掌する職員は、分任物品管理官という。

（物品出納官）

第九条　物品管理官（分任物品管理官を含む。以下同じ。）は、政令で定める

又は第四項の権限を、当該各省各庁所属の外局の長等に委任することができる。

2　各省各庁の長は、法第八条第二項又は第四項の規定により他の各省各庁所属の職員に物品の管理に関する事務を委任し、又は分掌させる場合には、当該職員及びその官職並びに委任しようとする事務の範囲について、あらかじめ、当該他の各省各庁の長の同意を得なければならない。

3　前項の場合において、委任又は分掌が法第八条第五項の規定により官職を指定することにより行なわれるときは、前項の規定による同意は、その指定しようとする官職及び委任しようとする事務の範囲についてであれば足りる。

（物品の出納保管事務の委任）

第六条　物品管理官（分任物品管理官を含む。以下同じ。）は、法第九条第一

含む。以下この条において同じ。）は、兼ねることはできない。ただし、法第十条の二第二項の規定により物品管理官の事務の一部を処理する職員が、物品出納官を兼ねるときは、この限りでない。

（代理をさせる場合）

第七条　各省各庁の長（各省各庁の長が物品の管理に関する事務を委任し、代理させ又は分掌させる場合において、これらを令第五条第一項（令第八条第二項において準用する場合を含む。）の規定により令第五条第一項の外局の長等に委任するときは、当該外局の長等）は、物品管理官代理、分任物品管理官代理、物品出納官代理、分任物品出納官代理又は物品供用官代理がそれぞれ物品管理官、物品出納官又は物品供用官の事務を代理する場合をあらかじめ定めて置くものとする。ただし、やむを得ない事情がある場合には、代理させるつど定めることを妨げない。

2　物品管理官代理、分任物品管理官代理、物品出納官代理、分任物品出納官代理又は物品供用官代理は、前項の規

○物品管理法

ところにより、その所属する各省各庁所属の職員に、その管理する物品の出納及び保管に関する事務（出納命令に係る事務を除く。）を委任するものとする。

2　前項の規定により物品の出納及び保管に関する事務の委任を受けた職員は、物品出納官という。

3　物品管理官は、必要があるときは、政令で定めるところにより、その所属する各省各庁所属の職員に、物品出納官の事務の一部を分掌させることができる。

4　前条第五項の規定は、第一項又は前項の場合について準用する。

5　第三項の規定により物品出納官の事務の一部を分掌する職員は、分任物品出納官という。

○物品管理法施行令

項又は第三項の規定によりその所属する各省各庁所属の職員にその管理する物品の出納及び保管に関する事務を委任し、又は分掌させる場合には、各省各庁の長又はその委任を受けた当該各省各庁所属の外局の長等が物品の数量及び保管場所その他物品の管理上の条件を勘案して定める基準に従つてしなければならない。

○物品管理法施行規則

定により各省各庁の長又は外局の長等の定める場合において、物品管理官、物品出納官又は物品供用官の事務を代理するものとする。

3　物品管理官、物品出納官又は物品供用官及び物品管理官代理、分任物品管理官代理、物品出納官代理、分任物品出納官代理又は物品供用官代理は、物品管理官代理、分任物品管理官代理、物品出納官代理、分任物品出納官代理又は物品供用官代理が前項の規定により物品管理官、物品出納官又は物品供用官の事務をそれぞれ代理するときは、代理開始及び終止の年月日並びに物品管理官代理、分任物品管理官代理、物品出納官代理、分任物品出納官代理又は物品供用官代理が取り扱つた物品の管理に関する事務の範囲を適宜の書面において明らかにしておかなければならない。

4　前項の規定は、物品管理官代理、分任物品管理官代理、物品出納官代理、分任物品出納官代理又は物品供用官代

(物品供用官)

第十条 物品管理官は、必要があるときは、政令で定めるところにより、その所属する各省各庁所属の職員に、物品の供用に関する事務を委任することができる。

2 前項の規定により物品の供用に関する事務の委任を受けた職員は、物品供用官という。

3 第八条第五項の規定は、第一項の場合について準用する。

(事務の代理等)

第十条の二 各省各庁の長は、物品管理官若しくは物品出納官(分任物品出納官を含む。以下同じ。)又は物品供用官に事故がある場合(これらの者が第八条第五項(第九条第四項及び前条第三項において準用する場合を含む。)の規定により指定された官職にある者

(物品の供用事務の委任)

第七条 前条の規定は、物品管理官が法第十条第一項の規定によりその所属する各省各庁所属の職員に物品の供用に関する事務を委任する場合について準用する。

(事務の代理等)

第八条 各省各庁の長は、法第十条の二第一項の規定により当該各省各庁所属の職員又は他の各省各庁所属の職員に物品管理官の事務を代理させる場合において、当該各省各庁又は他の各省各庁に置かれた官職を指定することにより、その官職にある者に当該事務を代

理が物品管理官、物品出納官又は物品供用官の事務を代理している間に当該物品管理官代理、分任物品管理官代理、物品出納官代理、分任物品出納官代理又は物品供用官代理に異動があったときについて準用する。

○物品管理法

である場合には、その官職にある者が欠けたときを含む。）において必要があるときは、政令で定めるところにより、当該各省各庁所属の職員又は他の各省各庁所属の職員にその事務を代理させることができる。

2　各省各庁の長は、必要があるときは、政令で定めるところにより、当該各省各庁所属の職員又は他の各省各庁所属の職員に、物品管理官（前項の規定によりその事務を代理する職員を含む。）の事務の一部を処理させることができる。

○物品管理法施行令

理させることができる。

2　第五条第一項の規定は、各省各庁の長が法第十条の二第一項の規定により当該各省各庁所属の職員に物品管理官の事務を代理させる場合について、第五条第二項及び第三項の規定は、各省各庁の長が法第十条の二第一項の規定により他の各省各庁所属の職員に物品管理官の事務を代理させ又は官職の指定により代理させる場合について、それぞれ準用する。

3　各省各庁の長は、法第十条の二第一項の規定により当該各省各庁所属の職員又は他の各省各庁所属の職員に物品出納官（分任物品出納官を含む。以下同じ。）又は物品供用官の事務を代理させる場合には、同項の権限を、当該物品出納官又は物品供用官に当該事務を委任した物品管理官に委任するものとし、当該物品管理官は、その所属する各省各庁所属の職員に当該事務を代理させるものとする。

4　第六条及び第一項の規定は、前項の

○物品管理法施行規則

規定により物品管理官が物品出納官又は物品供用官の事務を代理させる場合について準用する。

5　法第十条の二第一項の規定により物品管理官、物品出納官又は物品供用官の事務を代理する職員は、その取り扱う事務の区分に応じて、それぞれ物品管理官代理若しくは分任物品管理官代理、物品出納官代理若しくは分任物品出納官代理又は物品供用官代理という。

第九条　各省各庁の長は、法第十条の二第二項の規定により当該各省各庁所属の職員又は他の各省各庁所属の職員に物品管理官、物品管理官代理又は分任物品管理官代理（以下この条において「物品管理機関」という。）の事務の一部を処理させる場合には、その処理させる事務の範囲を明らかにしなければならない。

2　前条第一項の規定は、法第十条の二第二項の場合について準用する。

3　各省各庁の長は、法第十条の二第二項の規定により当該各省各庁所属の職員に物品管理機関の事務の一部を処理させる場合において、必要があるとき

○物品管理法

○物品管理法施行令

は、同項の権限を、当該各省各庁所属の外局の長等に委任することができる。この場合において、各省各庁の長は、同項の規定により当該事務を処理させる職員（当該各省各庁に置かれた官職を指定することによりその官職にある者に当該事務を処理させる場合には、その官職）の範囲及びその処理させる事務の範囲を定めるものとする。

4　第五条第二項及び第三項の規定は、各省各庁の長が法第十条の二第二項の規定により他の各省各庁所属の職員に物品管理機関の事務の一部を処理させ又は官職の指定により処理させる場合について準用する。

5　法第十条の二第二項の規定により物品管理機関の事務の一部を処理する職員（次項において「代行機関」という。）は、当該物品管理機関に所属して、かつ、その事務を処理するものとする。

6　代行機関は、第一項又は第三項に規定する範囲内の事務であつても、その

○物品管理法施行規則

（都道府県の行う事務）

第十一条　国は、政令で定めるところにより、物品の管理に関する事務（第三十九条の規定による検査を含む。次項において同じ。）を都道府県の知事又は知事の指定する職員が行うこととすることができる。

2　前項の規定により都道府県が行う物品の管理に関する事務については、この法律その他の物品の管理に関する法令の当該事務の取扱に関する規定を準用する。

3　第一項の規定により都道府県が行うこととされる事務は、地方自治法（昭和二十二年法律第六十七号）第二条第九項第一号に規定する第一号法定受託事務とする。

（管理事務の総括）

所属する物品管理機関において処理することが適当である旨の申出をし、かつ、当該物品管理機関がこれを相当と認めた事務及び物品管理機関が自ら処理する特別の必要があるものとして指定した事務については、その処理をしないものとする。

（都道府県が行う管理事務）

第十条　各省各庁の長は、法第十一条第一項の規定により物品の管理に関する事務を都道府県の知事又は知事の指定する職員が行うこととなる事務として定める場合には、当該知事又は知事の指定する職員が行うこととなる事務の範囲を明らかにして、当該知事又は知事の指定する職員が物品の管理に関する事務を行うこととなることについて、あらかじめ当該知事の同意を求めなければならない。

2　都道府県の知事は、各省各庁の長から前項の規定により同意を求められた場合には、その内容について同意をするかどうかを決定し、同意をするときは、知事が自ら行う場合を除き、事務を行う職員を指定するものとする。こ

○物品管理法

第十二条　財務大臣は、物品の管理の適正を期するため、物品の管理に関する制度を整え、その管理に関する事務を統一し、その増減及び現在額を明らかにし、並びにその管理について必要な調整をするものとする。

2　財務大臣は、物品の管理の適正を期するため必要があると認めるときは、各省各庁の長に対し、その所管に属する物品について、その状況に関する報告を求め、当該職員に実地監査を行わせ、又は閣議の決定を経て、分類換、第十六条第一項に規定する管理換その他必要な措置を求めることができる。

第三章　物品の管理

第一節　通則

（物品の管理に関する計画）

第十三条　物品管理官は、毎会計年度、政令で定めるところにより、その管理する物品の効率的な供用又は処分を図るため、予算及び事務又は事業の予定を勘案して、物品の管理に関する計画

○物品管理法施行令

の場合において、当該知事は、都道府県に置かれた職を指定することにより、その職にある者に事務を取り扱わせることができる。

3　前項の場合において、都道府県の知事は、同意をする決定をしたときは同意をする旨及び事務を行う者（同項後段の規定により都道府県に置かれた職を指定した場合においてはその職）を、同意をしない決定をしたときは同意をしない旨を各省各庁の長に通知するものとする。

第三章　物品の管理

第一節　通則

（物品の管理に関する計画）

第十一条　物品管理官は、法第十三条第一項の規定により物品の管理に関する計画を定める場合には、各省各庁の長又はその委任を受けた当該各省各庁所属の外局の長等が物品の管理の目的の

○物品管理法施行規則

第三章　物品の管理

第一節　通則

第八条から第十三条まで　削除

を定めなければならない。

2　物品管理官は、前項の計画を定めたときは、当該計画のうち供用に係る部分を物品供用官に通知しなければならない。

第十四条　削除

（供用又は処分の原則）

第十五条　物品は、その属する分類の目的に従い、かつ、第十三条第一項の計画に基づいて、供用又は処分をしなければならない。

（管理換）

第十六条　各省各庁の長又は政令で定めるところによりその委任を受けた当該各省各庁所属の職員は、物品の効率的な供用又は処分のため必要があると認めるときは、物品管理官に対して、物品の管理換（物品管理官の間において物品の所属を移すことをいう。以下同じ。）を命ずることができる。

2　物品管理官は、前項の規定による命令に基づいて管理換をする場合を除くほか、物品の効率的な供用又は処分のため必要があると認めるときは、政令で定めるところにより、各省各庁の長

適正かつ円滑な達成に資するため物品の管理の実情を考慮して定めるところによらなければならない。

2　物品の管理に関する計画は、四半期ごとに定めるのを例とする。

第十二条から第十七条まで　削除

（管理換の承認）

第十八条　物品管理官は、法第十六条第二項の規定によりその管理する物品について管理換をし、又は他の物品管理官が管理する物品の管理換を受けようとするときは、これを受けるべき物品管理官又はこれをすべき物品管理官に協議し、その協議の内容を明らかにして所属の各省各庁の長（法第十六条第一項の委任を受けた外局の長等があるときは、当該外局の長等）の承認を受けなければならない。

第十九条及び第二十条　削除

（異なる会計の間における管理換を有

（管理換の手続）

第十四条　物品管理官は、その管理する物品の管理換をしようとするときは、当該物品を保管し、又は供用する物品出納官又は物品供用官（物品供用官を置かない場合にあつては、物品を使用する職員。以下第三項、第二十条第二項及び第二十九条において同じ。）に対し、物品の払出のための法第二十三条の規定による命令（以下「払出命令」という。）又は物品の返納のための命令（以下「返納命令」という。）をしなければならない。

2　物品管理官は、その管理する物品の

○物品管理法

（前項の委任を受けた職員があるときは、当該職員）の承認を経て、物品の管理換をすることができる。

3　異なる会計の間において管理換をする場合には、政令で定める場合を除くほか、有償として整理するものとする。

○物品管理法施行令

償としない場合）

第二十一条　法第十六条第三項に規定する政令で定める場合は、次に掲げる場合とする。

一　一月以内に返還すべき条件を附した管理換に係る場合

二　事務又は事業を異なる会計に委託する場合において、その委託を受ける会計でその受託業務を行なうため必要とする物品の管理換に係る場合

三　各省各庁の長が財務大臣に協議して指定する管理換に係る場合

（管理換を有償として整理する場合の対価）

第二十二条　法第十六条第三項の規定により管理換を有償として整理する場合においては、当該管理換に係る対価は、時価によるものとする。

○物品管理法施行規則

管理換をしようとするときは、当該管理換を受けるべき物品管理官に、当該物品を引き渡すべき者及び当該物品を受け取るべき時期、場所その他必要な事項を通知しなければならない。

3　前項の物品の管理換を受けるべき物品管理官は、同項の規定による通知を受けたときは、当該物品について、関係の物品出納官又は物品供用官に対し、物品の受入のための法第二十三条の規定による命令（以下「受入命令」という。）をし、又は供用の目的を明らかにして、物品の受領のための命令（以下「受領命令」という。）をしなければならない。

第十五条　削除

（管理換を有償として整理する場合の対価）

第十六条　令第二十二条に規定する管理換に係る対価は、当該管理換が返還すべき条件を附したものである場合においては、当該管理換に係る物品についての賃貸料の額とし、その他の管理換

（管理の義務）
第十七条　物品の管理に関する事務を行う職員は、この法律その他の物品の管理に関する法令の規定に従うほか、善良な管理者の注意をもつてその事務を行わなければならない。

（関係職員の行為の制限）
第十八条　物品に関する事務を行う職員は、その取扱に係る物品（政令で定める物品を除く。）を国から譲り受けることができない。

2　前項の規定に違反してした行為は、無効とする。

第二節　取得及び供用

（取得手続）
第十九条　物品管理官は、第十三条第一項の計画に基づいて、物品の供用又は

（関係職員の譲受を制限しない物品）
第二十三条　法第十八条に規定する政令で定める物品は、次に掲げる物品とする。

一　印紙をもつてする歳入金納付に関する法律（昭和二十三年法律第百四十二号）第三条及び第四条に規定する印紙その他一般に売り払うことを目的とする物品でその価格が法令の規定により一定しているもの

二　一般に売り払うことを目的とする物品その他の物品で各省各庁の長が財務大臣に協議して指定するもの

第二節　取得及び供用

（取得のための措置の請求）
第二十四条　物品管理官は、法第十九条第一項の規定により物品の取得のため

の場合においては、当該物品についての売買代金の額とする。

第二節　取得及び供用

（物品の取得に関する通知）
第十七条　契約等担当職員その他物品に係る事務又は事業を行う職員は、取引

○物品管理法

処分のため必要な範囲内で、契約等担当職員（国のために契約その他物品の取得又は処分の原因となる行為をする職員をいう。以下同じ。）に対し、取得のため必要な措置を請求しなければならない。

2　契約等担当職員は、前項の請求に基づき、かつ、予算を要するものにあつてはその範囲内で、物品の取得のため必要な措置をするものとする。

○物品管理法施行令

必要な措置を請求する場合には、取得を必要とする物品の品目、規格及び数量並びに取得を必要とする時期及び場所を明らかにしてしなければならない。

2　契約等担当職員は、前項の請求があつた場合において、予算その他の事情により当該請求に基いて物品の取得のため必要な措置をすることができないときは、その旨を物品管理官に通知しなければならない。

3　前二項の請求及び通知は、次に掲げる場合には、省略することができる。

一　法令の規定により国において取得しなければならないこととなつている物品の取得に係る場合

二　物品管理官が契約等担当職員を兼ねる場合

（物品の取得に関する通知）

第二十五条　物品に係る事務又は事業を行う職員は、法第十九条第一項の規定による請求に基くものを除くほか、その職務を行うことにより国において取得する物品又は取得した物品があると

○物品管理法施行規則

の状況等を勘案して物品を取得することが適当であると認めるときその他その職務を行うことにより物品を取得する予定があるときは、その旨を物品管理官に通知しなければならない。

2　前項の通知又は令第二十五条の規定による物品の取得に関する通知は、次に掲げる事項を明らかにしてしなければならない。ただし、価格を明らかにする必要がないと認めるときは、これを省略することができる。

一　取得する物品又は取得した物品の品目、数量、規格及び価格

二　取得の時期及び場所

三　取得の原因

（取得のための措置についての通知）

第十八条　契約等担当職員は、令第二十四条第一項の規定による請求に基いて同項の措置をしたときは、すみやかに、当該措置により取得することとなる物品について同項に規定する事項を当該

（供用手続）

第二十条　物品供用官は、その供用すべき物品について、物品管理官に対し、供用のための払出しを請求しなければならない。

2　物品管理官は、物品の供用のための第二十三条の規定による命令をし、又は払出しをするときは、供用の目的を明らかにして、その旨を物品供用官に知らせなければならない。

認めるときは、すみやかにその旨を物品管理官に通知しなければならない。

（供用のための払出しの請求）

第二十六条　物品供用官は、法第二十条第一項の規定により供用のための払出しを請求する場合には、当該請求に係る物品の品目、規格、数量及び用途を明らかにしてしなければならない。

（供用する場合に明らかにする事項）

第二十七条　物品供用官（物品供用官を置かない場合にあつては、物品管理官）は、物品を供用する場合には、これを使用する職員を明らかにしておかなければならない。

措置を請求した物品管理官に通知しなければならない。

（取得の手続）

第十九条　第十四条第三項の規定は、物品管理官が前二条の規定による通知を受けた場合について準用する。ただし、物品管理官が第十七条第一項の通知を受けた物品についてその取得を不適当と認めるときは、この限りでない。

（供用のための払出命令等）

第二十条　物品の供用のための払出命令又は払出しは、庁中常用の事務用雑品については、毎月通常必要と認められる数量を、その他の物品については、必要に応じ必要な数量を限りしなければならない。ただし、物品管理官が供用のため特に必要があると認めるときは、この限りでない。

2　物品管理官は、物品の供用のための払出命令をし、又は払出しをするときは、物品供用官に対し、供用の目的を明らかにして受領命令をしなければならない。

（物品を使用する職員のうちの主任者）

第二十一条　物品供用官（物品供用官を

○物品管理法

（返納手続）

第二十一条　物品供用官は、供用中の物品で供用の必要がないもの、修繕若しくは改造を要するもの又は供用することができないものがあると認めるときは、その旨を物品管理官に報告しなければならない。

2　物品管理官は、前項の報告等により同項に規定する物品があると認めるときは、物品供用官に対し、当該物品の返納を命じなければならない。

3　前二項の規定は、供用中の物品で物品管理官が定める軽微な修繕又は改造を要するものについては、適用しない。

○物品管理法施行令

○物品管理法施行規則

置かない場合にあつては、物品管理官。以下第二十四条及び第二十七条第二項において同じ。）は、二人以上の職員がともに使用する物品については、これらの職員のうちの主任者を明らかにしておかなければならない。

（返納手続）

第二十二条　法第二十一条第一項の規定による報告は、供用の必要がない物品、修繕又は改造を要する物品及び供用することができない物品の別に応じ、当該物品がこれらに該当する理由並びにその分類、品目、数量及び現況その他必要な事項を明らかにしてしなければならない。

2　物品管理官は、返納命令をした物品を物品出納官に保管させようとするときは、当該物品出納官に対し、受入命令をしなければならない。

（供用換）

第二十三条　物品管理官は、物品供用官の間において物品の所属を移すときは、当該物品を供用している物品供用官に

第三節　保管

（保管の原則）

第二十二条　物品は、国の施設において、良好な状態で常に供用又は処分をすることができるように保管しなければならない。ただし、物品管理官が国の施設において保管することを物品の供用又は処分の上から不適当であると認める場合その他特別の理由がある場合は、国以外の者の施設に保管することを妨

第三節　保管

（国以外の者の施設における保管のための措置の請求）

第二十八条　物品管理官は、法第二十二条ただし書の規定により物品を国以外の者の施設に保管しようとする場合には、次に掲げる事項を明らかにして、契約等担当職員に対し、その保管のため必要な措置を請求しなければならない。

対し、返納命令をし、当該物品を供用すべき物品供用官に対し、供用の目的を明らかにして受領命令をしなければならない。

（物品を使用する職員からの返納）

第二十四条　物品を使用する職員（第二十一条の物品にあつては、同条の主任者。以下次項において同じ。）は、当該物品を使用する必要がなくなつた場合には、すみやかに、その旨を物品供用官に通知しなければならない。

2　物品供用官は、前項の通知等により物品を供用する必要がないと認めるときは、当該物品を使用する職員に対し、返納命令をしなければならない。

第三節　保管

（保管の方法）

第二十五条　物品出納官（物品出納官を置かない場合にあつては、物品管理官）は、その保管に係る物品を供用又は処分に適する物品、修繕又は改造を要する物品及び供用又は処分をすることができない物品に区分して整理するものとし、これらの物品についての異動を常に明らかにしておかなければな

○物品管理法

げない。

○物品管理法施行令

一　保管を必要とする物品の品目及び数量

二　保管の期間

三　物品の管理上保管について附すべき条件

2　第二十四条第二項又は第三項第二号の規定は、前項の請求があつた場合又はこれをすべき場合についてそれぞれ準用する。

○物品管理法施行規則

らない。

（国以外の者の施設における保管のための措置についての通知）

第二十六条　契約等担当職員は、令第二十八条第一項の規定による請求に基いて同項の措置をしたときは、すみやかに、当該措置について同項各号に掲げる事項を当該請求をした物品管理官に通知しなければならない。

（国以外の者の施設における保管の手続）

第二十七条　物品管理官は、前条の規定による通知を受けた場合において、当該通知に係る措置が国以外の者の施設を借り上げるためのものであるときは、関係の物品出納官に、当該施設の場所及び借上の期間並びにこれに保管すべき物品の品目及び数量その他必要な事項を通知しなければならない。

2　第十四条第一項の規定は、前項の措置が物品出納官の保管中の物品又は物品供用官の供用中の物品を国以外の者の施設に保管するためのものである場

（出納命令）
第二十三条　物品管理官は、物品を出納させようとするときは、物品出納官に対し、出納すべき物品の分類を明らかにして、その出納を命じなければならない。

（出納）
第二十四条　物品出納官は、前条の規定による命令がなければ、物品を出納することができない。

（出納命令）
第二十九条　物品管理官は、法第二十三条の規定により物品の出納を命ずる場合には、次に掲げる事項を明らかにしてしなければならない。
一　出納すべき物品の分類、品目、規格及び数量
二　出納の時期
三　出納すべき物品の引渡を物品出納官から受け、又は物品出納官に対してすべき者

（出納）
第三十条　物品出納官は、前条の命令に

合について準用する。

（国以外の者が保管する物品の引渡）
第二十八条　物品管理官は、国以外の者が保管している物品を引き渡す場合には、当該物品を保管している者にその旨を通知するとともに、当該物品の引渡を受けるべき者にこれを証する書類を交付しなければならない。
2　前項の書類の交付を受けた者は、物品の引渡を受ける場合には、当該書類を当該物品を保管している者に示さなければならない。

（出納の相手方）
第二十九条　物品管理官は、払出命令若しくは返納命令又は受入命令若しくは受領命令をしたときは、これらの命令に係る物品の引渡を物品出納官若しくは物品供用官から受けるべき者又はこれらの命令に係る物品を物品出納官若しくは物品供用官に引き渡すべき者にこれらの命令の写その他適宜の証明書類を交付しなければならない。ただし、各省各庁の長が定める場合には、これを省略することができる。
2　前項の書類の交付を受けた者は、物

○物品管理法

第二十五条　削除

（供用不適品等の処理）

第二十六条　物品出納官は、その保管中の物品（修繕若しくは改造を要するもの又は供用できないものとして、第二十一条第二項の規定により返納された物品を除く。）のうちに供用若しくは処分をすることができないもの又は修繕若しくは改造を要するものがあると認めるときは、その旨を物品管理官に報告しなければならない。

2　物品管理官又は物品供用官は、修繕又は改造を要する物品（物品供用官にあつては、第二十一条第三項に規定する物品に限る。）があると認めるときは、契約等担当職員その他関係の職員に対し、修繕又は改造のため必要な措

○物品管理法施行令

係る物品の出納をしようとするときは、その出納が当該命令の内容に適合しているかどうかを確認しなければならない。

第三十一条　削除

（修繕又は改造のための措置の請求）

第三十二条　物品管理官又は物品供用官は、法第二十六条第二項の規定により物品の修繕又は改造のため必要な措置を請求する場合には、次に掲げる事項を明らかにしてしなければならない。

一　修繕又は改造を必要とする物品の品目及び数量

二　修繕又は改造の時期

三　修繕又は改造の内容

四　物品の管理上修繕又は改造について附すべき条件

2　第二十四条第二項又は第三項第二号の規定は、前項の請求があつた場合又はこれをすべき場合についてそれぞれ準用する。

○物品管理法施行規則

品の引渡を受け、又は物品を引き渡す場合には、当該書類を当該物品を引き渡すべき物品出納官若しくは物品供用官又は当該物品の引渡を受けるべき物品出納官若しくは物品供用官に示さなければならない。

第三十条　削除

（修繕又は改造のための措置の通知）

第三十一条　契約等担当職員その他関係の職員は、令第三十二条第一項の規定による請求に基いて同項の措置をしたときは、すみやかに、当該措置について同項各号に掲げる事項を当該請求をした物品管理官又は物品供用官に通知しなければならない。

2　第十四条第一項の規定は、物品管理官が前項の通知を受けた場合について準用する。

置を請求しなければならない。

3　第十九条第二項の規定は、前項の規定による請求があつた場合について準用する。

第四節　処分

（不用の決定等）

第二十七条　物品管理官は、供用及び処分の必要がない物品について管理換若しくは分類換により適切な処理をすることができないとき、又は供用及び処分をすることができない物品があるときは、これらの物品について不用の決定をすることができる。この場合において、政令で定める物品については、あらかじめ、各省各庁の長又は政令で定めるところによりその委任を受けた当該各省各庁所属の職員の承認を受けなければならない。

2　物品管理官は、前項の規定により不用の決定をした物品のうち売り払うことが不利又は不適当であると認めるもの及び売り払うことができないものは、廃棄することができる。

第四節　処分

（不用の決定の承認を要する物品）

第三十三条　法第二十七条第一項に規定する政令で定める物品は、第四十三条第一項に規定する機械、器具及び美術品その他各省各庁の長が指定する物品とする。

（不用の決定の承認を求める場合に明らかにする事項）

第三十四条　物品管理官は、法第二十七条第一項の承認を求める場合には、その承認を受けようとする物品の処分の予定を明らかにしてしなければならない。

（不用の決定及び廃棄の基準）

第三十五条　法第二十七条第一項の規定による不用の決定及び同条第二項の規定による廃棄は、各省各庁の長の定める基準に従つてしなければならない。

第四節　処分

（不用の決定に係る物品の処分の予定）

第三十二条　令第三十四条に規定する物品の処分の予定には、売払、解体又は廃棄の別を明らかにし、売払の場合にあつては、その時期及び場所その他必要な事項を、解体の場合にあつては、解体が適当であると認める理由、解体の時期及び解体後の処理その他必要な事項を、廃棄の場合にあつては、廃棄が適当であると認める理由その他必要な事項を明らかにしなければならない。

（不用の決定の整理）

第三十三条　第五条の規定は、物品管理官が法第二十七条第一項の規定によりその管理する物品について不用の決定をした場合について準用する。

（解体又は廃棄の手続）

第三十四条　第十四条第一項の規定は、

○物品管理法

（売払）

第二十八条 物品は、売払を目的とするもの又は不用の決定をしたものでなければ、売り払うことができない。

2 物品管理官は、第十三条第一項の計画に基づいて、契約等担当職員に対し、前項の物品の売払のため必要な措置を請求しなければならない。

3 契約等担当職員は、前項の請求に基づき、物品の売払のため必要な措置をするものとする。

（貸付）

第二十九条 物品は、貸付を目的とするもの又は貸し付けても国の事務若しくは事業に支障を及ぼさないと認められるものでなければ、貸し付けることができない。

2 前条第二項及び第三項の規定は、前項の物品を貸し付ける場合について準用する。

（出資等の制限）

○物品管理法施行令

（売払又は貸付のための措置の請求）

第三十六条 物品管理官は、法第二十八条第二項（法第二十九条第二項において準用する場合を含む。）の規定により物品の売払又は貸付のため必要な措置を請求する場合には、次に掲げる事項を明らかにしてしなければならない。

一 売払又は貸付を必要とする物品の品目及び数量

二 売払又は貸付の時期

三 物品の管理上売払又は貸付について附すべき条件

2 第二十四条第二項又は第三項の規定は、前項の請求があつた場合又はこれをすべき場合についてそれぞれ準用する。

○物品管理法施行規則

物品管理官が物品を解体し、又は廃棄する場合について準用する。

（売払又は貸付のための措置の通知等）

第三十五条 契約等担当職員は、令第三十六条第一項の規定による請求に基いて同項の措置をしたときは、すみやかに、当該措置について同項各号に掲げる事項を当該請求をした物品管理官に通知しなければならない。

2 第十四条第一項の規定は、物品管理官が前項の通知を受けた場合について準用する。

（亡失の整理）

第三十条　物品は、法律に基く場合を除くほか、出資の目的とし、又はこれに私権を設定することができない。

第四章　物品管理職員等の責任

（物品管理職員等の責任）

第三十一条　次に掲げる職員（以下「物品管理職員」という。）は、故意又は重大な過失により、この法律の規定に違反して物品の取得、所属分類の決定、分類換、管理換、出納命令、出納、保管、供用、不用の決定若しくは処分（以下「物品の管理行為」という。）をしたこと又はこの法律の規定に従つた物品の管理行為をしなかつたことにより、物品を亡失し、又は損傷し、その他国に損害を与えたときは、弁償の責に任じなければならない。

一　物品管理官

二　物品出納官

三　物品供用官

四　第十条の二第一項の規定により前三号に掲げる者の事務を代理する職員

五　第十条の二第二項の規定により第

第四章　物品管理職員等の責任

第三十六条　第五条第一項の規定は、物品管理官がその管理する物品について亡失の事実を確認した場合について準用する。

第四章　物品管理職員等の責任

○物品管理法

一号に掲げる者（その者の事務を代理する前号の職員を含む。）の事務の一部を処理する職員

六　第十一条の規定により前各号に掲げる者の事務を行う都道府県の知事又は知事の指定する職員

七　前各号に掲げる者の補助者

2　物品を使用する職員は、故意又は重大な過失によりその使用に係る物品を亡失し、又は損傷したときは、その損害を弁償する責めに任じなければならない。

3　前二項の規定により弁償すべき国の損害の額は、物品の亡失又は損傷の場合にあつては、亡失した物品の価額又は損傷による物品の減価額とし、その他の場合にあつては、当該物品の管理行為に関し通常生ずべき損害の額とする。

（亡失又は損傷等の通知）

第三十二条　各省各庁の長は、その所管に属する物品が亡失し、若しくは損傷したとき、又は物品管理職員がこの法

○物品管理法施行令

（亡失等の報告及び通知）

第三十七条　物品を使用する職員は、その使用中の物品が亡失し、又は損傷したときは、すみやかにその旨を物品供

○物品管理法施行規則

（物品供用官の亡失及び損傷の報告）

第三十七条　物品供用官は、令第三十七条第二項の規定によりその供用中の物品の亡失又は損傷の報告をする場合に

律の規定に違反して物品の管理行為をしたこと若しくはこの法律の規定に従つた物品の管理行為をしなかつたことにより国に損害を与えたと認めるときは、政令で定めるところにより、財務大臣及び会計検査院に通知しなければならない。

用官（物品供用官が置かれていない場合にあつては、物品管理官）に報告しなければならない。

2　物品出納官又は物品供用官は、その保管中若しくは供用中の物品が亡失し、若しくは損傷したとき、又は法の規定に違反して物品の出納、保管若しくは供用をし、若しくは法の規定に従つた物品の出納、保管若しくは供用をしなかつた事実があるときは、すみやかにその旨を物品管理官に報告しなければならない。

3　契約等担当職員は、その締結した契約（物品の処分の原因となる行為で契約以外のものを含む。）でこれにより処分された物品を後日返還すべきことをその内容又は条件としているものにより処分された物品が亡失し、又は損傷した事実があると認めるときは、すみやかにその旨を物品管理官に通知しなければならない。

4　物品管理官は、前三項の報告又は通知等により、その管理する物品が亡失し、若しくは損傷した事実又は当該物品について物品管理職員が法の規定に

は、当該物品を使用する職員に係るもの及びそれ以外のものに区分してしなければならない。

（分任物品出納官等の亡失及び損傷等の報告）

第三十七条の二　物品出納官は、分任物品出納官の令第三十七条第二項の規定による報告をとりまとめて物品管理官に報告するものとする。

2　物品管理官は、分任物品管理官の令第三十七条第四項の規定による報告をとりまとめて当該報告を受けるべき者に報告するものとする。

○物品管理法

（検定前の弁償命令）
第三十三条　各省各庁の長又は政令で定めるところによりその委任を受けた当

○物品管理法施行令

違反して物品の管理行為をし、若しくは法の規定に従つた物品の管理行為をしなかつた事実があると認めるときは、すみやかにその旨を各省各庁の長及び法第三十三条第一項の委任を受けた外局の長等に報告しなければならない。この場合において、物品が亡失し、又は損傷した事実が物品を使用する職員に係るものであるときは、物品管理官は、第四十条の委任を受けた職員にも、これをしなければならない。

5　第二十四条第三項第二号の規定は、第三項の通知をすべき場合について準用する。

第三十八条　各省各庁の長は、法第三十二条の規定に該当する事実があつた場合には、会計検査院又は財務大臣の定めるところにより、その旨をそれぞれ会計検査院又は財務大臣に通知しなければならない。

（検定の請求）
第三十九条　法第三十三条第一項の規定により弁償を命ぜられた物品管理職員

○物品管理法施行規則

該各省各庁所属の職員は、物品管理職員が第三十一条第一項の規定に該当すると認めるときは、会計検査院の検定前においても、その物品管理職員に対して弁償を命ずることができる。

2　前項の規定により弁償を命じた場合において、会計検査院が物品管理職員に対し、弁償の責がないと検定したときは、その既納に係る弁償金は、直ちに還付しなければならない。

第三十四条　削除

第五章　雑則

（この法律の規定を準用する動産）

第三十五条　この法律（第三条から第五条まで、第十条、第十三条から第十六条まで、第十九条から第二十一条まで、第二十五条から第二十九条まで、第三

は、その責を免かれるべき理由があると信ずるときは、その理由を明らかにする書面を作成し、証拠書類を添え、同項の委任を受けた外局の長等及び各省各庁の長を経由してこれを会計検査院に送付し、その検定を求めることができる。

2　各省各庁の長（法第三十三条第一項の委任を受けた外局の長等があるときは、当該外局の長等）は、前項の場合においても、その命じた弁償を猶予しない。

（使用職員に対する弁償命令）

第四十条　各省各庁の長又はその委任を受けた職員は、物品を使用する職員が法第三十一条第二項の規定に該当すると認めるときは、当該職員に対して弁償を命じなければならない。

第五章　雑則

（法の規定を準用する動産）

第四十一条　法第三十五条に規定する政令で定める動産は、次に掲げる動産のうち現金及び有価証券以外のものとする。

第五章　雑則

○物品管理法

十一条第二項、第三十四条、第三十七条及び第三十八条を除く。）の規定は、物品以外の動産で国が保管するもののうち政令で定めるものについて準用する。

○物品管理法施行令

一　国が寄託を受けた動産

二　刑事収容施設及び被収容者等の処遇に関する法律（平成十七年法律第五十号）第四十七条第二項（同法第二百八十八条及び第二百八十九条第一項において準用する場合を含む。）、第四十八条第四項（同法第二百五十条第三項、第二百八十八条及び第二百八十九条第一項において準用する場合を含む。）若しくは第二百四十九条第二項、少年院法（平成二十六年法律第五十八号）第六十九条第一項若しくは第七十条第三項若しくは第四項（これらの規定を同法第百三十三条第三項において準用する場合を含む。）、少年鑑別所法（平成二十六年法律第五十九号）第五十三条第一項若しくは第五十四条第三項若しくは第四項、出入国管理及び難民認定法（昭和二十六年政令第三百十九号）第六十一条の七第四項又は婦人補導院法（昭和三十三年法律第十七号）第十三条の規定により領

○物品管理法施行規則

（帳簿）

第三十六条　物品管理官、物品出納官及び物品供用官は、政令で定めるところにより、帳簿を備え、これに必要な事項を記載し、又は記録しなければならない。

置した動産

三　各省各庁の長が指定する動産

（帳簿）

第四十二条　物品管理官、物品出納官又は物品供用官は、物品管理簿、物品出納簿又は物品供用簿を備え、それぞれの職務に応じ、その管理する物品についての異動を記録しなければならない。ただし、財務大臣が指定する場合は、この限りでない。

（帳簿の記録等）

第三十八条　物品管理簿、物品出納簿及び物品供用簿には、物品の分類、細分類及び品目ごとに、その増減等の異動数量、現在高その他物品の異動に関する事項及びその他物品の管理上必要な事項を、それぞれ、各省各庁の長の定めるところにより記録しなければならない。

2　前項の場合において、令第四十三条第一項に規定する財務大臣が指定する機械及び器具については、その取得価格（取得価格がない場合又は取得価格が明らかでない場合には、見積価格）を、物品管理簿に記録しなければならない。

3　第一項の場合において、令第四十三条第一項に規定する財務大臣が指定する美術品については、その取得価格（当該取得価格と時価額とに著しい差がある場合、取得価格がない場合又は取得価格が明らかでない場合には、見積価格）を、物品管理簿に記録しなけ

○物品管理法

○物品管理法施行令

○物品管理法施行規則

ればならない。

4　物品管理官は、財務大臣の定めるところにより、前二項の規定により物品管理簿に記録された価格を、改定しなければならない。

第三十九条から第四十一条まで　削除

（交替及び廃止の場合の帳簿の引継等）

第四十二条　物品管理官、分任物品管理官、物品出納官、分任物品出納官又は物品供用官（以下「物品管理官等」という。）が交替するときは、前任の物品管理官等（物品管理官代理、分任物品管理官代理、物品出納官代理、分任物品出納官代理又は物品供用官代理が、物品管理官等の事務を代理しているときは、物品管理官代理、分任物品管理官代理、物品出納官代理、分任物品出納官代理又は物品供用官代理。以下本項において同じ。）は、引き継ぐべき物品管理簿、物品出納簿又は物品供用簿（以下「物品管理簿等」という。）及びこれらの関係書類の名称及び件数並びに引継の日付その他必要な事項を記載した引継書（以下「引継書」という。）を交替の日の前日をもつて作成し、後任の物品管理官等とともに記名して印をおし、当該引継書を物品管理簿等に添附して、これらを後任の物品管理官等に引き継ぐものとする。

2　物品管理官等が廃止されるときは、廃止される物品管理官等（物品管理官代理、分任物品管理官代理、物品出納官代理、分任物品出納官代理又は物品供用官代理が、物品管理官等の事務を代理しているときは、物品管理官代理、分任物品管理官代理、物品出納官代理、分任物品出納官代理又は物品供用官代理。以下本条において同じ。）は、引継書を廃止される日の前日をもつて作成し、引継を受ける物品管理官等とともに記名して印をおし、当該引継書を物品管理簿等に添附して、引継を受ける物品管理官等に引き継ぐものとする。

3　前任の物品管理官等又は廃止される物品管理官等が第一項又は前項の規定による引継の手続をすることができない事由があるときは、後任の物品管理官等又は廃止に伴い引継を受ける物品

○物品管理法

（物品増減及び現在額報告書）

第三十七条　各省各庁の長は、国が所有する物品のうち重要なものとして政令で定めるものにつき、毎会計年度間における増減及び毎会計年度末における現在額の報告書を作成し、翌年度の七月三十一日までに、財務大臣に送付しなければならない。

（国会への報告等）

第三十八条　財務大臣は、前条の報告書に基づき、物品増減及び現在額総計算書を作成しなければならない。

2　内閣は、前項の物品増減及び現在額総計算書を前条の報告書とともに、翌年度十月三十一日までに、会計検査院に送付しなければならない。

3　内閣は、第一項の物品増減及び現在額総計算書に基づき、毎会計年度間における物品の増減及び毎会計年度末における物品の現在額について、当該年

○物品管理法施行令

（物品増減及び現在額報告書の作成）

第四十三条　法第三十七条に規定する政令で定める物品は、機械、器具及び美術品のうち財務大臣が指定するものとする。

2　法第三十七条に規定する物品増減及び現在額報告書は、財務省令で定める様式及び記入の方法により、毎会計年度末の物品管理簿における記録の内容に基づいて作成するものとする。

○物品管理法施行規則

管理官等が引継書を作成し、これに記名して印をおせば足りる。

（物品増減及び現在額報告書の様式等）

第四十三条　法第三十七条に規定する物品増減及び現在額報告書の様式及び記入の方法は、別表第一に定めるところによる。

度の歳入歳出決算の提出とともに、国会に報告しなければならない。

（検査）

第三十九条　各省各庁の長は、政令で定めるところにより、定期的に、及び物品管理官、物品出納官又は物品供用官が交替する場合その他必要がある場合は随時、その所管に属する物品の管理について検査しなければならない。

（検査）

第四十四条　各省各庁の長は、毎会計年度一回及び物品管理官、物品出納官又は物品供用官（以下「物品管理官等」という。）が交替するとき、又はその廃止があつたときはそのつど、検査員に、物品管理官等の物品の管理行為がその法の規定に適合しているかどうかをその管理に係る物品及び帳簿について検査させなければならない。

2　前項の場合において、その検査が物品管理官に係るものであるときは、各省各庁の長が命ずる当該各省各庁所属の職員又は他の各省各庁所属の職員を、その検査が物品出納官又は物品供用官に係るものであるときは、これらの職員が所属する物品管理官又はその命ずる職員をそれぞれ検査員とする。

3　各省各庁の長は、第一項の規定によるほか、必要があると認めるときは、随時、当該各省各庁所属の職員又は他の各省各庁所属の職員のうちから検査員を命じて、物品管理官等の物品の管

○物品管理法

○物品管理法施行令

理の状況及び帳簿について検査させるものとする。

4　各省各庁の長は、前二項の規定により検査員を命ずる場合（他の各省各庁所属の職員のうちから検査員を命ずる場合を除く。）において、必要があるときは、当該各省各庁所属の職員にこれを行なわせることができる。

5　第五条第二項の規定は、各省各庁の長が第二項又は第三項の規定により他の各省各庁所属の職員のうちから検査員を命ずる場合について準用する。

（検査の立会い）

第四十五条　検査員は、前条の検査をするときは、これを受ける物品管理官等その他適当な者を立ち会わせなければならない。

（検査書の作成等）

第四十六条　検査員は、第四十四条第一項又は第三項の検査をしたときは、検査書二通を作成し、その一通はその検査を受けた物品管理官等に交付し、他の一通は、その検査が物品出納官又は

○物品管理法施行規則

（適用除外）

第四十条　国の事務の運営に必要な書類その他政令で定める物品の管理については、政令で定めるところにより、この法律の一部を適用しないことができる。

物品供用官に係るものである場合であつて当該検査員が同条第二項に規定するこれらの者が所属する物品管理官である場合は当該検査員が自ら保有し、その他の場合は当該検査員を命じた者に提出しなければならない。

2　検査員は、前項の検査書に記名して印を押すとともに、前条の規定により立ち会つた者に記名させ、かつ、印を押させるものとする。

（適用除外）

第四十七条　国の事務の運営に必要な書類については、法第三条から法第五条まで、法第八条から法第十一条まで、法第十三条から法第十六条まで、法第十九条から法第二十一条まで、法第二十三条から法第二十七条まで、法第二十八条第二項及び第三項、法第二十九条第二項、法第三十一条から法第三十四条まで並びに法第三十六条から法第三十九条までの規定は、適用しない。

2　法第四十条に規定する政令で定める物品は、次に掲げる物品（第二号及び第七号に掲げる物品にあつては、各省各庁の長の定めるところにより物品管

（適用除外）

第四十四条　令第四十七条第二項第四号に規定する財務省令で定める物品は、次の各号に掲げる物品とする。

一　会計法（昭和二十二年法律第三十五号）第十七条の規定により臨時に資金の前渡を受けた職員が当該資金により取得した物品

二　各省各庁の長が財務大臣に協議して定める官署において管理する物品

○物品管理法

○物品管理法施行令

理官に引き継いだものを除く。）とし、第一号から第三号までに掲げる物品については、前項に規定する法の規定を、第四号に掲げる物品については法第九条、法第十条、法第十一条、法第十三条、法第十四条、法第二十条、法第二十一条、法第二十三条から法第二十五条まで、法第二十六条第一項、法第三十四条及び法第三十九条の規定を、第五号及び第六号に掲げる物品については、前項に規定する法の規定及び法第二十二条を、第七号に掲げる物品については法第三条から法第五条まで、法第八条から法第十一条まで、法第十三条から法第十六条まで、法第十九条から法第二十一条まで、法第二十三条から法第二十七条まで、法第二十八条第二項及び第三項、法第二十九条第二項、法第三十一条第一項、法第三十三条、法第三十四条並びに法第三十六条から法第三十九条までの規定をそれぞれ適用しない。

一　小切手用紙及び国庫金振替書用紙

○物品管理法施行規則

二　法令の規定により国において没収し、没取し、若しくは収去し、又は国庫に帰属した物品
三　国の事務の処理に必要な物品で法令の規定により国の機関に占有のみを移して保管するもの
四　職員の数が僅少で物品の管理に関する事務の分掌を困難とする事情がある官署において管理する物品で財務省令で定めるもの
五　義務教育諸学校の教科用図書の無償措置に関する法律（昭和三十八年法律第百八十二号）第四条の規定に基づき購入した同法第二条第二項に規定する教科用図書
六　障害のある児童及び生徒のための教科用特定図書等の普及の促進等に関する法律（平成二十年法律第八十一号）第十一条の規定に基づき購入した同法第二条第一項に規定する教科用特定図書等
七　災害の発生に際し応急の用に供する物品で、各省各庁の長が財務大臣に協議して定めるもの

3　各省各庁の長は、前二項に規定する

○物品管理法

（電磁的記録による作成）

第四十条の二　この法律又はこの法律に基づく命令の規定により作成することとされている報告書等（報告書、物品増減及び現在額総計算書その他文字、図形その他の人の知覚によつて認識することができる情報が記載された紙その他の有体物をいう。次条において同じ。）については、当該報告書等に記載すべき事項を記録した電磁的記録（電子的方式、磁気的方式その他人の知覚によつては認識することができない方式で作られる記録であつて、電子計算機による情報処理の用に供されるものとして財務大臣が定めるものをいう。同条第一項において同じ。）の作成をもつて、当該報告書等の作成に代えることができる。この場合において、当該電磁的記録は、当該報告書等とみなす。

（電磁的方法による提出）

○物品管理法施行令

物品の管理について必要な事項を定めなければならない。

○物品管理法施行規則

第四十条の三　この法律又はこの法律に基づく命令の規定による報告書等の提出については、当該報告書等が電磁的記録で作成されている場合には、電磁的方法（電子情報処理組織を使用する方法その他の情報通信の技術を利用する方法であつて財務大臣が定めるものをいう。次項において同じ。）をもつて行うことができる。

2　前項の規定により報告書等の提出が電磁的方法によつて行われたときは、当該報告書等の提出を受けるべき者の使用に係る電子計算機に備えられたファイルへの記録がされた時に当該提出を受けるべき者に到達したものとみなす。

（政令への委任）

第四十一条　この法律に定めるもののほか、この法律の施行に関し必要な事項は、政令で定める。

（省令への委任）

第四十八条　この政令で定めるもののほか、この政令の施行に関し必要な事項は、財務省令で定める。

（実地監査）

第四十五条　法第十二条第二項の規定による当該職員の実地監査は、別に定める監査要領に従つてしなければならない。

2　当該職員は、前項の実地監査をする場合には、別表第二に定める監査証票を携帯し、関係者の請求があつたときは、呈示しなければならない。

○物品管理法

附則 抄

1 この法律は、公布の日から起算して八月をこえない範囲内で政令で定める日から施行する。

（昭和三一年政令第三三八号で昭和三二年一月一〇日から施行）

2 第十三条及び第十四条の規定は、昭和三十二年度分の需給計画又は運用計画から、第三十七条及び第三十八条の規定は、同年度分の報告書又は物品増減及び現在額総計算書からそれぞれ適用する。

5 改正前の国有財産法の規定による国有財産でこの法律の施行により物品となつたものの昭和三十一年度分以前の同法第三十三条及び第三十六条に規定する報告書及び総計算書については、

○物品管理法施行令

附則 抄

1 この政令は、法の施行の日（昭和三十二年一月十日）から施行する。

2 物品会計規則（明治二十二年勅令第八十四号）は、廃止する。

3 旧物品会計規則の規定によつてした物品の管理に関する行為は、法及びこの政令の相当規定によつてした相当の物品の管理に関する行為とみなす。

4 従前の物品の管理に関する帳簿は、当分の間、これを取りつくろい、第四十二条第一項に規定する物品管理簿、物品出納簿又は物品供用簿として使用することができる。

附則（昭和三三年五月一五日政令第一二五号）

この政令は、公布の日から施行する。

○物品管理法施行規則

（特例）

第四十六条 各省各庁の長は、その所管する物品の管理について、この省令の規定により難いときは、あらかじめ、財務大臣に協議してその特例を設けることができる。

附則 抄

1 この省令は、法の施行の日（昭和三十二年一月十日）から施行する。

附則（昭和三四年六月六日大蔵省令第四五号）

1 この省令は、公布の日から施行する。

2 需給計画表及び運用計画表の様式及び作成の方法並びに物品管理簿、物品出納簿及び物品供用簿の様式及び記入の方法については、改正後の物品管理法施行規則第八条及び第三十八条の規定にかかわらず、昭和三十五年三月三十一日まで、なお従前の例によることができる。

附則（昭和三八年三月三一日大蔵省令第一三号）

この省令は、公布の日から施行する。

附則（昭和四〇年四月一日大蔵省令第一九号）

この省令は、公布の日から施行する。

なお従前の例による。

9　改正前の会計法第三十八条に規定する出納官吏又は同法第四十条第二項に規定する出納員のうち物品の出納保管をつかさどるもの、改正前の予算執行職員等の責任に関する法律第十条第一項に規定する公団等の出納職員のうち物品の出納保管をつかさどることを命ぜられたもの及び改正前の日本国有鉄道法第四十八条又は日本電信電話公社法第六十九条に規定する物品出納職員のこの法律の施行前の事実に基く弁償責任については、なお従前の例による。

附　則（昭和三一年六月一二日法律第一四八号）

1　この法律は、地方自治法の一部を改正する法律（昭和三十一年法律第百四十七号）の施行の日から施行する。

（施行の日—昭和三一年九月一日）

2　この法律の施行の際海区漁業調整委員会の委員又は農業委員会の委員の職にある者の兼業禁止及びこの法律の施行に伴う都道府県又は都道府県知事若しくは都道府県の委員会その他の機関が処理し、又は管理し、及び執行している事務の地方自治法第二百五十二条

附　則（昭和三八年三月一一日政令第三八号）

この政令は、公布の日から施行する。

附　則（昭和三九年二月二四日政令第一九号）

この政令は、公布の日から施行する。

附　則（昭和四〇年四月一日政令第一一〇号）

1　この政令は、公布の日から施行する。

2　改正後の第四十三条の規定は、昭和三十九年度分の物品増減及び現在額報告書から適用する。

附　則（昭和四四年一二月一七日政令第三〇〇号）

この政令は、昭和四十四年十二月二十日から施行する。

附　則（昭和四六年一一月二六日政令第三五二号）

この政令は、昭和四十六年十一月三十日から施行する。

附　則（昭和五三年三月二八日政令第四八号抄）

この政令は、法の施行の日（昭和五十三年三月三十一日）から施行する。

〔後略〕

附　則（昭和五六年一〇月二七日政令第三一〇号）

この政令は、昭和五十七年一月一日から施行する。

附　則（平成一二年二月一四日政令第三二号抄）

（施行期日）

1　この政令は、平成十二年四月一日か

附　則（昭和四三年一〇月七日大蔵省令第五二号抄）

1　この省令は、昭和四十三年十一月一日から施行する。

附　則（昭和四三年一一月一九日大蔵省令第五六号）

この省令は、昭和四十三年十二月一日から施行する。

附　則（昭和四四年一二月一七日大蔵省令第六〇号）

この省令は、昭和四十四年十二月二十日から施行する。

附　則（昭和四六年一一月三〇日大蔵省令第八一号抄）

1　この省令は、公布の日から施行〔中略〕する。

附　則（昭和五六年三月二〇日大蔵省令第三号）

この省令は、昭和五十六年四月一日から施行する。

附　則（昭和五九年九月二一日大蔵省令第三六号）

この省令は、昭和五十九年十月一日から施行する。

附　則（平成元年四月六日大蔵省令第四三号）

この省令は、公布の日から施行する。

附　則（平成七年三月二四日大蔵省令第五号）

1　この省令は、平成七年四月一日から施行する。

2　この省令施行の際、現に存するこの省令による改正前の書式による帳簿及

○物品管理法

の十九第一項の指定都市（以下「指定都市」という。）又は指定都市の市長若しくは委員会その他の機関への引継に関し必要な経過措置は、それぞれ地方自治法の一部を改正する法律（昭和三十一年法律第百四十七号）附則第四項及び第九項から第十五項までに定めるところによる。

附　則（昭和四〇年四月一日法律第四一号）

この法律は、公布の日から施行し、改正後の第三十七条及び第三十八条の規定は、昭和三十九年度分の報告書及び物品増減及び現在額総計算書から適用する。

附　則（昭和四五年六月一日法律第一一一号抄）

（施行期日）

1　この法律は、公布の日から施行する。（ただし書略）

附　則（昭和四六年六月一日法律第九六号抄）

1　この法律は、（中略）当該各号に掲げる日から施行する。

二　第五条から第十一条まで並びに附則第四項及び第二十三項　公布の日

○物品管理法施行令

ら施行する。〔後略〕

附　則（平成一二年六月七日政令第三〇七号抄）

（施行期日）

第一条　この政令は、平成十三年一月六日から施行する。〔後略〕

附　則（平成一四年一二月一八日政令第三八五号抄）

（施行期日）

第一条　この政令は、平成十五年四月一日から施行する。

附　則（平成一八年五月八日政令第一九三号）

この政令は、刑事施設及び受刑者の処遇等に関する法律の施行の日（平成十八年五月二十四日）から施行する。

附　則（平成一八年一一月二二日政令第三六一号抄）

（施行期日）

第一条　この政令は、平成十九年四月一日から施行する。〔後略〕

附　則（平成一九年五月二五日政令第一六八号抄）

（施行期日）

1　この政令は、刑事施設及び受刑者の処遇等に関する法律の一部を改正する法律の施行の日（平成十九年六月一

○物品管理法施行規則

び用紙は、当分の間、これを取りつくろい使用することができる。

附　則（平成一二年九月二九日大蔵省令第七五号）

1　この省令は、平成十三年一月六日から施行する。

2　この省令の施行の際、現に存するこの省令（第四十二条を除く。）による改正前の書式による用紙は、当分の間、これを取り繕い使用することができる。

附　則（平成一五年三月三一日財務省令第四八号抄）

（施行期日）

第一条　この省令は、平成十五年四月一日から施行する。

附　則（平成二二年一一月一二日財務省令第五四号）

1　この省令は、公布の日から施行する。

2　改正後の第三十八条第三項の規定に基づく見積価格の算定が必要な美術品のうち、美術品を国外において所有している等直ちに見積価格の算定ができないやむを得ない事情がある場合には、平成二十五年度の末日までに、見積価格を算定し、物品管理簿への記録を終えるものとする。

から起算して六月をこえない範囲内において政令で定める日

（昭和四六年政令第三四九号で昭和四六年一一月三〇日から施行）

4　第五条の規定による改正前の会計法第三十九条第二項（同法第四十八条第二項において準用する場合を含む。）に規定する代理出納官吏又は第九条の規定による改正前の物品管理法第八条第七項、第九条第六項若しくは第十条第五項（これらの規定を同法第十一条第二項において準用する場合を含む。）に規定する代理物品管理官、代理物品出納官若しくは代理物品供用官若しくはこれらの補助者のこの法律の施行前の事実に基づく弁償責任については、なお従前の例による。

附　則（平成一一年七月一六日法律第八七号抄）

（施行期日）

第一条　この法律は、平成十二年四月一日から施行する。〔後略〕

附　則（平成一一年一二月二二日法律第一六〇号抄）

（施行期日）

第一条　この法律（第二条及び第三条を除く。）は、平成一三年一月六日から

日）から施行する。

附　則（平成二〇年九月一二日政令第二八一号抄）

（施行期日）

第一条　この政令は、法の施行の日（平成二十年九月十七日）から施行し、平成二十一年度において使用される教科用特定図書等から適用する。

附　則（平成二二年一一月一二日政令第二二四号）

この政令は、公布の日から施行する。

附　則（令和元年五月七日財務省令第一号抄）

（施行期日）

1　この省令は、公布の日から施行する。

2　この省令の施行の際、現に存する改正前の様式又は書式による用紙は、当分の間、これを取り繕い使用することができる。

○物品管理法	○物品管理法施行令	○物品管理法施行規則
施行する。〔後略〕 **附　則**（平成一四年七月三一日法律第九八号抄） （施行期日） **第一条**　この法律は、公社法〔日本郵政公社法＝平成一四年七月法律第九七号〕の施行の日〔平成一五年四月一日〕から施行する。〔後略〕 （物品管理法の一部改正に伴う経過措置） **第二十七条**　第百十七条の規定による改正前の物品管理法第四十条に規定する会計法第二十三条の規定により支給を受けた事務費で取得した物品（第五条の規定により公社に承継されたものを除く。）の管理については、なお従前の例による。 **附　則**（平成一四年一二月一三日法律第一五二号抄） （施行期日） **第一条**　この法律は、行政手続等における情報通信の技術の利用に関する法律（平成十四年法律第百五十一号）の施行の日〔平成一五年二月三日〕から施行する。〔後略〕 **附　則**（平成一八年六月七日法律第五三号抄）		

（施行期日）

第一条　この法律は、平成十九年四月一日から施行する。〔後略〕

附　則（令和元年五月三一日法律第一六号抄）

（施行期日）

第一条　この法律は、公布の日から起算して九月を超えない範囲内において政令で定める日〔令和元年一二月一六日〕から施行する。〔後略〕

別表第一　物品増減及び現在額報告書の様式及び記入の方法〔第四三条〕

1　様　式

年度　物品増減及び現在額報告書

所属省庁　　　　会　計

(1) 分類及び細分類	(2) 品目	(3) 年度末現在		(6) 年度間増減							(17) 年度末現在	
				(7) 増		(10) 減		(13) 差引		(16) 価格改定による増又は減		
		(4) 数量	(5) 価格	(8) 数量	(9) 価格	(11) 数量	(12) 価格	(14) 数量	(15) 価格		(18) 数量	(19) 価格
		個	円	個	円	個	円	個	円	円	個	円

備考　1　用紙の大きさは、日本産業規格A列4とする。
　　　2　会計別に別葉とする。

2　記入の方法

一　(1)の欄には、物品の分類及び細分類を記入するものとする。

二　(2)の欄には、財務大臣が定める品目の区分により物品の品目を記入するものとする。

三　(3)の欄には、報告対象年度の前年度末において各省各庁所属の物品管理官が管理する物品について、品目ごとにその数量及び価格の合計を記入するものとする。

四　(7)の欄には、報告対象年度中に新たに各省各庁所属の物品管理官が管理することとなつた物品について、品目ごとにその数量及び価格の合計を記入するものとする。

五　(10)の欄には、報告対象年度中に各省各庁所属の物品管理官が管理しないこととなつた物品について、品目ごとにその数量及び価格の合計を記入するものとする。

六　(13)の欄には、(7)の欄の数量及び価格から(10)の欄の数量及び価格を差し引いた数量及び価格を記入するものとする。この場合において、差引減額のあるときは、その数字の左上部に△を付するものとする。

七　(16)の欄には、第三十八条第四項の規定による価格の改定が行なわれた場合にあつては、当該改定による価格の差引増減額（差引減額のあるときは、その数字の左上部に△を付するものとする。）を、同条第一項の規定により記録された物品のうち当該物品の価格が明らかなものについて見積価格を算定した結果、令第四十三条第一項の規定に該当することとなつた場合にあつては当該見積価格と当該物品の価格との差引増額を記入するものとする。

八　(17)の欄には、(3)、(13)及び(16)の各欄の数量及び価格のそれぞれの合計を記入するものとする。

表　面

第　　　　　号

年　　月　　日発行

官職氏名

物品管理法（昭和31年法律第113号）

第12条第２項の規定に基づく監査証票

財務大臣
財務局長　　　　　　印
又は福岡財務支局長

裏　面

物品管理法（抄）

（管理事務の総括）

第12条（第１項　略）

２　財務大臣は、物品の管理の適正を期するため必要があると認めるときは、各省各庁の長に対し、その所管に属する物品について、その状況に関する報告を求め、当該職員に実地監査を行わせ、又は閣議の決定を経て、分類換、第16条第１項に規定する管理換その他必要な措置を求めることができる。

この監査証票の有効期限は、発行の日の属する会計年度の終了する日までとする。

備考　１　用紙は厚質青紙とし、寸法は日本産業規格Ｂ列８とする。

２　この監査証票は、財務本省所属の職員に係るものにあつては財務大臣が、財務局所属の職員に係るものにあつては財務局長が、福岡財務支局所属の職員に係るものにあつては福岡財務支局長が、それぞれ発行するものとする。

○物品管理法等の実施について

（昭和四〇年四月一日蔵計第七七一号
大蔵大臣から各省各庁の長あて）

最終改正　平成二二年一一月一一日財計第二四八五号

物品管理法（昭和三十一年法律第百十三号。以下「法」という。）、物品管理法施行令（昭和三十一年政令第三百三十九号。以下「令」という。）及び物品管理法施行規則（昭和三十一年大蔵省令第八十五号。以下「規則」という。）の実施については、下記によられたい。

なお、物品管理法施行令第五条第一号の規定等に基づく指定について（昭和三十二年一月十日付蔵計第千四百五十八号）、物品管理法等の実施について（昭和三十四年十二月二十一日付蔵計第三千五百七十号）、物品管理法の一部を適用しないことができる官署の指定に関する協議について（昭和三十八年三月十三日付蔵計第五百三十号）及び物品の分類換等に関する協議について（昭和三十八年三月十三日付蔵計第五百三十一号）は、廃止する。

記

1　令第二十一条第三号の規定による財務大臣への協議について

次の各号の一に該当する場合においては、令第二十一条第三号の規定による各省各庁の長と財務大臣との協議がととのつたものとして、各省各庁の長限りで処理することができることとする。

(1)　異なる会計に属する物品の管理を一体として行なう必要がある場合において、当該物品を一体として管理するため、関係の会計の間において当該物品の管理換をする場合

(2)　物品の無償貸付及び譲与等に関する法律（昭和二十二年法律第二百二十九号）第三条第一号、第三号若しくは第四号又は第四条第二号に規定する物品について、これらの規定に該当する管理換をする場合

2　令第四十二条ただし書に規定する「財務大臣が指定する場合」について

令第四十二条ただし書に規定する「財務大臣が指定する場合」は、取得後比較的すみやかに供用することを通例とする生鮮食料品、修繕用部品、薬品、新聞その他の定期刊行物等の物品で保存を目的としないものについて異動があつた場合とする。

3　令第四十三条第一項に規定する「機械、器具及び美術品のうち財務大臣が指定するもの」について

令第四十三条第一項に規定する「機械、器具及び美術品のうち財務大臣が指定するもの」は、取得価格（取得価格がない場合又は取得価格が明らかでない場合は、見

積価格）が五十万円〔（注）防衛省所管防衛用品の分類に属する装備訓練に必要な機械及び器具（道路運送車両法第三条に規定する普通自動車及び小型自動車を除く。）については、当分の間、三百万円（平成一九年一月九日付財計第一二号財務大臣から防衛大臣あて）〕以上の機械及び器具並びに取得価格（当該取得価格と時価額とに著しい差がある場合、取得価格がない場合又は取得価格が明らかでない場合には、見積価格）が三百万円以上の美術品（皇室固有の伝来品、皇室用品として管理している美術品、王室等からの寄贈品、評価することが寄贈者の意向に反することが明らかな寄贈品、図書館資料並びに国会議員の肖像画及び胸像を除く。）とする。

4　所属分類の決定及び分類換の通知について

規則第三条第一項及び第五条第一項の規定による物品管理官（分任物品管理官を含む。）の通知については、物品の受入命令又は受領命令が行なわれる場合において、これらの命令中に当該物品の分類（細分類を含む。）、品目及び数量が明らかにされているときは、当該命令をもつてその通知が行なわれたものとして処理することができることとする。

5　帳簿に充てる記録手段について

令第四十二条及び規則第三十八条に規定する帳簿は、簿冊、ルーズリーフ、カード、磁気テープ等適宜の記録手段をもつて充てるものとする。また、二以上の物品管理機関が、一の簿冊等をもつて、それぞれの帳簿に充ててもさしつかえない。

6　法の一部を適用しないことができる官署の指定について

次の各号に掲げる要件を充たす官署については、規則第四十四条第二号の規定による各省各庁の長と財務大臣との協議がととのつたものとして、各省各庁の長限りで法の一部を適用しないことができる官署として指定することができることとする。

(1)　職員の数がおおむね五十人以下であること。

(2)　毎会計年度の当該官署における物品の取得（管理換による増を含む。）及び維持管理に直接要する経費が事業を行なう官署又は物品の取扱を主な業務とする官署にあつては、おおむね、二千万円以下、その他の官署にあつては、おおむね一千万円以下であること（行政組織に関する法令の制定又は改正に伴い新たに設置された官署にあつては、その新設された会計年度及びその翌会計年度においては、これらの金額以上であつても差し支えないこと。）。

○物品増減及び現在額報告書に記載する物品について

（平成一九年一月九日財計第一二号
財務大臣から防衛大臣あて）

平成十九年一月九日付防経監第三百四十一号で依頼のあった標記について、下記のとおり定めたから通知する。

記

「物品管理法等の実施について」（通達）（昭和四十年四月一日付蔵計第七百七十一号）第三項の規定にかかわらず、当分の間、防衛省所管防衛用品の分類に属する装備訓練に必要な機械及び器具（道路運送車両法（昭和二十六年法律第百八十五号）第三条に規定する普通自動車及び小型自動車を除く。）については、取得価格（取得価格がない場合又は取得価格が明らかでない場合は、見積価格）が三百万円以上の機械及び器具とする。

○会計事務簡素化のための法令の実施について

（昭和四六年一一月二六日蔵計第三五六八号
大蔵大臣から各省各庁の長あて）

今回、会計事務の簡素化を図るため、次の法令が公布されいずれも昭和四十六年十一月三十日から施行されることになつたが、これらの改正法令の施行に伴い必要な経過措置ならびにその実施について下記のとおり定めたので、御了知の上、その旨を貴省庁関係の機関に対し御通知願いたい。

1・2　略

3　物品管理法施行令の一部を改正する政令（昭和四十六年十一月三十日施行政令第三五二号）

4～10　略

記

一　代行機関の設置について

(1)　各省各庁の長が代行機関に処理させる事務の範囲を定めるにあたつては、経常的な会計事務で軽微なもの又は法令の規定に基づき支払義務額が定額となつているものについて定めるものとし、予算決算及び会計令（昭和二十二年勅令第百六十五号）に規定する徴収済額報告書、支出済額報告書、歳入徴収額計算書又は支出計算書の作成、徴収簿、支出簿又は支出負担行為差引簿の登記等各省各庁の長への報告、会計検査院への証明に関する事務等については代行機関に処理させないものとする。

(2)　各省各庁の長が定める代行機関となるべき職員又は官職の範囲は、歳入徴収官その他の会計機関が取り扱う会計事務の主要事項について当該会計機関を責任をもつて補佐することができる職務にある者とし、処理させる事務の内容に応じ、複数の代行機関を設けることはさしつかえないものとする。

(3) 代行機関は、各省各庁の長又はその委任を受けた職員から処理すべきものとされた事務を処理するときは、決議書上の歳入徴収官その他の会計機関又は上級の代行機関の決裁欄を抹消したうえ自らの決裁欄に決裁印等をもつてその決裁をしたことを明らかにしておくとともに、その処理すべきものとされた範囲内の事務であつてもその所属の歳入徴収官その他の会計機関において処理することとされたため、自らその処理をしないこととした事務については、決議書上にその旨を表示しておくものとする。

二 代理官について

(1) 許可、認可等の整理に関する法律（昭和四十六年法律第九十六号。以下「許認可整理法」という。）の施行の際、同法による改正前の会計法（昭和二十二年法律第三十五号）、物品管理法（昭和三十一年法律第百十三号）又は国税収納金整理資金に関する法律（昭和二十九年法律第三十六号）に基づき、歳入徴収官、支出負担行為担当官、支出負担行為認証官、支出官、契約担当官、出納官吏、物品管理官、物品出納官、物品供用官、国税収納命令官、国税資金支払命令官又は国税資金支払委託官の代理官である者は命免手続を行なう必要はなく、許認可整理法による改正後のこれらの法律に基づくこれらの者の代理をする者という名称に変更されたものとして取扱うものとする。また、代理官の名称変更に伴い必要となる各省各庁の訓令等の改正措置をすみやかに講ずべきものであるが、当該措置が講ぜられるまでの間は各省各庁の長の通達により所要の暫定措置を講じておくよう配慮されたい。

(2) 略

三及び四 略

○物品管理簿に記録された価格の改定について

（昭和三六年三月三一日蔵計第八六二号
大蔵大臣から各省各庁の長あて）

最終改正 平成二二年一一月一一日財計第二四八六号

物品管理法施行規則（昭和三十一年大蔵省令第八十五号）（以下「規則」という。）第三十八条第四項の規定により物品管理簿に記録された価格の改定について下記のとおり定めたので、通知する。

記

1 物品管理簿に記録された価格を改定すべき場合は、次に掲げる場合とする。

一　機械又は器具についてその性能を向上させることとなる改造をした場合
二　機械又は器具に他の機械又は器具を連結して一個の機械又は器具として管理することとした場合
三　連結された他の機械又は器具とともに一個の機械又は器具として管理されている機械又は器具について当該他の機械又は器具を分離した場合
四　機械又は器具の一部が滅失し、又はその一部を撤去して当該部分に相当する補てんをしないこととした場合
五　機械、器具又は美術品の管理換又は分類換を時価による売買代金の額により有償として整理した場合
六　取得後十年を経過している美術品の取得価格又は美術品の見積価格と時価額に著しい差がある場合
2　前項各号に掲げる場合においては、物品管理簿に記録された当該機械、器具又は美術品の価格（以下「個別簿価」という。）を次の各号に定めるところにより改定し、当該改定された個別簿価に基づいて物品管理簿に記録された当該機械、器具又は美術品の価格を改定するものとする。なお、次の各号において取得価格等とは、個別簿価のある機械又は器具にあつては当該個別簿価をいい、個別簿価のない機械又は器具で取得後第一項各号に掲げる事由があつたものにあつては次の各号の規定に準じて算定した価格をいい、機械又は器具以外の物品でその管理換又は分類換を時価による売買代金の額により有償として整理したものにあつては当該対価をいい、その他の物品にあつてはその取得価格（取得価格がない場合にはその見積価格）をいうものとし、これらの価格が明らかでない場合においては、その見積価格をいうものとする。
一　前項第一号に規定する場合においては、当該機械又は器具の個別簿価の額（改造のため撤去された部分があるときは、個別簿価のうち当該部分に対応すると認められる価格を差し引いた額）に当該改造に要した経費の額（部内の資材又は部内の整備施設における役務を使用した場合の当該資材の取得価格等の額又は当該役務の見積額を含む。）を加えた額を改定価格とする。
二　前項第二号に規定する場合においては、連結前の機械又は器具の取得価格等の額（当該連結のため撤去された部分があるときは、取得価格等のうち当該部分に対応すると認められる価格を差し引いた額。以下次号において同じ。）に連結した他の機械又は器具の取得価格等の額と当該連結に要した経費の額（部内の資材又は部内の整備施設における役務を使用した場合の当該資材の取得価格等の額又は当該役務の見積額を含む。）とを加えた額を改定価格とする。
三　前項第三号に規定する場合においては、連結前の機

械又は器具の取得価格等の額を改定価格とする。

四　前項第四号に規定する場合において、補てん部分がないときは、個別簿価から個別簿価のうち滅失又は撤去した部分に対応すると認められる価格を差し引いた額を、補てん部分があるときは、この額に補てんに要した経費の額（部内の資材又は部内の整備施設における役務を使用した場合の当該資材の取得価格等の額又は当該役務の見積額を含む。）を加えた額を改定価格とする。

五　前項第五号に規定する場合においては、当該有償整理の額を改定価格とする。

六　前項第六号に規定する場合においては、新たに算定した見積価格を改定価格とする。

3　国有林野事業特別会計に属する機械又は器具で法律又はこれに基づく命令においてその価格について特別の定めがあるものについては、前二項の規定にかかわらず、当該法律又はこれに基づく命令の定めるところにより個別簿価を改定し、改定された個別簿価に基づいて物品管理簿に記録された当該機械又は器具の価格を改定するものとする。

4　本件は、昭和三十六年四月一日から実施するものとする。

5　昭和三十六年四月一日以前に第一項各号に掲げる事由があったことが明らかである機械又は器具の価格については、同日付をもって改定を行なうものとする。

○物品増減及び現在額報告書に記入する物品の品目の表示について

（昭和四〇年四月六日蔵計第八〇八号
大蔵大臣から各省各庁の長あて）

最終改正　平成二二年一一月一一日財計第二四八七号

物品管理法施行規則（昭和三十一年大蔵省令第八十五号）別表第一物品増減及び現在額報告書の様式及び記入の方法の2第二号の規定に基づき、物品増減及び現在額報告書に記入する物品の品目の表示を下記のとおり定めたから通知する。

なお、本通達は、昭和三十九年度分の物品増減及び現在額報告書から適用するものとし、昭和三十五年三月十九日付蔵計第六百九十二号による「物品増減及び現在額報告書に記入すべき物品の品目の表示及び数量の単位について」は廃止する。

記

物品管理法施行令（昭和三十一年政令第三百三十九号）第四十三条第一項の物品については、別表に掲げる品目名とする。

別表　物品管理法施行令第四十三条第一項に掲げる物品の品目の区分等

品目番号	品目の区分及び表示すべき名称	説明
一	電気機器	発電用蒸気汽缶、発電用蒸気タービン、発電用水車、発電用ディーゼル機械、変圧器、リアクトル、誘導変圧調整器、整流器、避雷器、配電盤、蓄電器、開閉器、遮断器、制御装置、発電機（船用を除く。）、電動機（船用を除く。）、回転変流機、変換機、電磁石、電気炉、電気熔接機、電纜電解装置、電気ボイラー、電動工具、家庭用電気機器その他の電気機器
二	通信機器	電信機械、電話機器、交換機器、搬送中継機器、無線機器、放送用機器、音響機器その他の通信機器
三	工作機器	旋盤、ボール盤、中ぐり盤、フライス盤、研磨盤、歯切盤、平削盤、形削盤、竪削盤、鋸盤、ブローチ盤、切削工具その他の工作機器
四	木工機器	製材機械、木工機械、ベニヤ機械その他の木工機器
五	土木機器	掘さく機械、基礎工事機械、土木用運搬機械、土木用起重機及び巻上機、ボーリング機械、整地機械、砕石機械、選別機械、コンクリート機械、舗装機械、土木用空気圧縮機及びポンプその他の土木用機器
六	試験及び測定機器	金属材料試験機、非金属材料試験機、耐振動試験機、動鈎合試験機、動力試験機、工業用長さ計、精密測定機、光学検査機、測量機器、電気計器、電気測定器その他の試験機器及び測定機器
七	荷役運搬機器	起重機（土木用を除く。）、巻上機（土木用を除く。）、コンベアー（土木用を除く。）、エレベーター（土木用を除く。）、索道（土木用を除く。）、ジャッキ（土木用を除く。）、フォークリフトトラック及びショベルトラック（土木用を除く。）、遷車台、転車台その他の荷役運搬機器

八	産業機器	蒸気缶及び同部分品（船用及び発電用を除く。）、タービン（発電用を除く。）、蒸気機関及び内燃機関（船用及び発電用を除く。）、軸受、伝導装置（船用を除く。）、汎用ポンプ（船用及び土木用を除く。）、圧縮機及び送風機（船用及び土木用を除く。）、原子炉、鍛圧機、槌、ロール、熔接機械（電気熔接機を除く。）、鉄管（土木用を除く。）、製鉄機械、熔鉱処理機、化学機械、破砕機及び磨砕機並びに選別機（土木用を除く。）、鉄塔、冷凍及び空気調節装置（船用を除く。）、印刷機械、製版用機械、製本機械、ミシン（家庭用を除く。）、製靴機械、紡績紡織機械、化学プラント、農業用機器、工業窯炉、燃焼装置並びに特殊計重機その他の産業機器
九	船舶用機器	船舶缶及び同部分品、船用蒸気機関、船用内燃機関、推進用主電動機、推進用発電機、船用ポンプ、船用冷凍機、船用揚貨機、船舶缶用強圧通風装置、復水装置、船用伝導装置、揚錨機その他の船舶用機器
一〇	車両及び軌条	軽便機関車、自動車（土木用運搬機器に属するもの、荷役運搬機器に属するフォークリフトトラック、ショベルトラック等及び農業用トラクターを除く。）、貨車その他の車両及び軌条（土木機器に属するものを除く。）
一一	医療機器	医科器械及び装置、医科器具その他の医療用装置及び器具
一二	特殊用途機器	銃器及び銃器弾丸用機械、鑑試用機器その他の特殊用途の機器
一三	雑機器	他の品目に属さない機械及び器具
一四	防衛用武器	火器、誘導武器、射撃統制機器、水雷武器、その他の武器
一五	防衛用施設機器	土木機器、建設機器、運搬機器、渡河機器、消火機器、舟艇機器、坑道機器、測量機器、地図機器、その他の施設機器
一六	防衛用電気通信機器	無線通信機器、有線通信機器、特殊通信機器、電波機器、電気測定器及び電気試験器、電気機械器具、電線電纜、照明用器具、通信部品、音響機器、磁気機器
一七	防衛用航空機器	航空機用原動機、プロペラ、航空計器、搭載品、航空機整備用機器

一八	防衛用船舶用機器	船舶用機関、船舶用電気機器、船体用材料、船用品、航海光学機器
一九	防衛用衛生器材	医療用器材、試験用器材
二〇	防衛用一般機器	原動機、工作機械、木工機械、整備用機器、工具、光学機器、気象用計測器具、試験機及び測定器、印刷製本機械、複写機器、写真機器、事務用機器、掃海機器、その他の一般機器
二一	美術品	絵画、彫刻、工芸品、書、書籍、掛軸、屏風、花器、壷、芸術写真、版画、像及び模型その他の有形の文化的所産である動産

○物品増減及び現在額報告書の作成及び送付について

（昭和四〇年四月六日蔵計第八〇九号　大蔵省主計局長から各省各庁の会計課長等あて）

物品管理法（昭和三十一年法律第百十三号）第三十七条の規定による物品増減及び現在額報告書（以下「報告書」という。）の作成及び送付については、下記によられたい。

なお、本通達は昭和三十九年度分の報告書の作成及び送付から適用するものとし、昭和三十五年三月十九日付蔵計第六百九十三号「物品増減及び現在額報告書の作成及び送付について」及び昭和三十五年三月十九日付蔵計第七百十五号「物品増減及び現在額報告書に関する資料の提出について」は廃止する。

記

1　報告書に記入する物品の記入順序は、その所属する分類及び細分類表に掲げる各分類及び細分類の順に記入し、各分類及び細分類の中における品目の順序は、昭和四十年四月六日付蔵計第八百八号「物品増減及び現在額報告書に記入する物品の品目の表示について」別表に定める品目番号の順に、当該品目番号を付して記入するものとする。

2　報告書には、当該報告書に記入する物品について、細分類、分類及び会計（以下「分類等」という。）ごとに、前年度末現在額、本年度間増減及び本年度末現在額の各欄の合計を記入するものとし、会計の合計には品目別内訳の数量及び価格をあわせて記入するものとする（別紙(1)報告書の記入例参照。）。ただし、分類等の合計又は品目別内訳として集計すべきものが一個である場合には、当該分類等の合計又は品目別内訳は記入しないものとする。

3　報告書に記入する物品の数量及び価格は、物品管理官（分任物品管理官を含む。以下同じ。）の物品の管理行為に係る数量及び価格とする。

4　前号の場合において管理換に係る物品については、当該物品の管理換を受ける物品管理官の管理換についての管理行為が行なわれたときに、当該物品を管理換する物品管理行為が行なわれたものとみなす。

5　前年度の報告書に誤びゅうがあった場合には、前年度末現在額を訂正することなく、本年度の増又は減で調整するものとする。

6　報告書に記入する数量及び価格は、会計検査院に提出する物品管理計算書に記入されている数量及び価格と突合しておくものとする。

7　報告書には、その写を五部添付するものとする。

別紙(1)　報告書の記入例

平成○○年度　物品増減及び現在額報告書

所属省庁　何　々　　会　計　何々会計

(1) 分類及び細分類	(2) 品目	(3) 平成○○年度末現在 (4) 数量	(5) 価格	(6) 平成○○年度間増減 (7) 増 (8) 数量	(9) 価格	(10) 減 (11) 数量	(12) 価格	(13) 差引 (14) 数量	(15) 価格	(16) 価格改定による増又は減	(17) 平成○○年度末現在 (18) 数量	(19) 価格
		個	円	個	円	個	円	個	円	円	個	円
何々（分類名）		○○	○○○	○○	○○○	○○	○○○	○○	○○○	○○○	○○	○○○
何々（細分類名）		○○	○○○	○○	○○○	○○	○○○	○○	○○○	○○○	○○	○○○
	1 電気機器	○○	○○○	○○	○○○	○○	○○○	○○	○○○	○○○	○○	○○○
	何々（品目名）	○○	○○○	○○	○○○	○○	○○○	○○	○○○	○○○	○○	○○○
	（以下前例にならう）	⋮	⋮	⋮	⋮	⋮	⋮	⋮	⋮	⋮	⋮	⋮
何々（細分類名）		○○	○○○	○○	○○○	○○	○○○	○○	○○○	○○○	○○	○○○
（以下前例にならう）												
何々（分類名）		○○	○○○	○○	○○○	○○	○○○	○○	○○○	○○○	○○	○○○
（以下前例にならう）												
何々会計合計		○○	○○○	○○	○○○	○○	○○○	○○○	○○	○○○		
品目別内訳	1 電気機器	○○	○○○	○○	○○○	○○	○○	○○○	○○	○○○		
	何々（品目名）	○○	○○○	○○	○○○	○○	○○○	○○○	○○	○○○		
	（以下前例にならう）	……	……	……	……	……	……	……	……	……	……	……

○物品管理法第三十二条等の規定による物品の亡失、損傷等の通知について

（平成一五年五月三〇日財計第一四九七号
財務大臣から各省各庁の長あて）

各省各庁の物品管理職員若しくは物品を使用する職員又は公庫等の物品管理職員が物品を亡失し又は物品の損傷等をした場合における物品管理法（昭和三十一年法律第百十三号）第三十二条（予算執行職員等の責任に関する法律（昭和二十五年法律第百七十二号）第十一条第二項において準用する場合を含む。）の規定による財務大臣への通知は、平成十五年四月一日以降下記によられたい。

ただし、平成十五年三月三十一日までに印紙を損傷したものに係る通知については、なお、従前の例によるものとする。

また、「物品管理法第三十二条の規定による切手類の損傷の通知について」（昭和四十三年蔵計第一一八三号）は、平成十五年三月三十一日をもって廃止する。

記

第一　各省各庁の場合

1　各省各庁の長は、その所管に属する物品が亡失し、若しくは損傷したとき又は物品管理職員が物品管理法の規定に違反して物品の管理行為をしたこと若しくは同法の規定に従った物品の管理行為をしなかったことにより国に損害を与えたと認めるとき（2に該当するものを除く。）は、下記事項を記載した通知書によりその都度通知するものとする。

(1)　庁名（当該事故の発生した官署名）

(2)　物品管理職員の官職氏名及びその命免年月日

物品管理職員が補助者である場合には、当該補助事務の内容を記載し、その所属する物品管理職員の官職氏名及び命免年月日を併記すること。

(3)　監督責任者の官職氏名及びその監督期間

(4)　亡失、損傷等の日時及び場所

(5)　亡失、損傷等をした物品の分類、細分類、品目、数量、金額（亡失又は損傷の場合には、亡失した物品の価額又は損傷による物品の減価額、その他の場合には、当該物品の管理行為に関し国に与えたと認められる損害の見積り額とし、いずれも時価によるものとする。）

(6)　亡失、損傷等の原因となった事実の詳細

(7)　平素における物品管理職員の管理状況の詳細

(8)　亡失、損傷等の事実発見の動機

(9)　亡失、損傷等の事実発見後の処置

(10)　物品管理職員に対し弁償命令を発したときは、その年月日及び金額

⑾　国の損害補てんの状況（弁償年月日及び金額、弁償者、弁償命令との関係）及び損害の全部が補てんされていない場合は将来の補てん見込

⑿　亡失、損傷等による損害賠償請求の訴を提起したときは、その年月日及び訴訟の進行状況

　上記のほか、裁判上の和解その他国の債権確保の処置をとつたときは、その処置状況

⒀　亡失、損傷等に関連して公訴が提起されたときは、その年月日及び訴訟の進行状況

⒁　物品管理職員その他関係者に対する懲戒処分等の状況

⒂　その他参考事項

2　イ　各省各庁の長はその所管に属する物品が亡失し、又は損傷した場合において、次のいずれかに該当し、かつ、一件の事故により生じた物品の亡失及び損傷の合計額が五十万円以上のものについては、別紙様式⑴により、五十万円未満のものについては、別紙様式⑵により、その都度通知するものとする。ただし、⑷に該当するものについては、四半期ごとにとりまとめて通知することができる。

⑴　天災、火災又は海難により、物品が亡失し又は損傷したとき。ただし、⑷に該当するもの及び当該官署に属する職員の故意又は過失によるものを除く。

⑵　倉庫業者に寄託した物品が亡失し、又は損傷したとき。

⑶　運送業者に引き渡した物品が亡失し、又は損傷したとき。

⑷　供用中の物品（供用のため保管中のものを除く。）が亡失し、又は損傷したとき。

ロ　各省各庁の長は印紙をもつてする歳入金納付に関する法律（昭和二十三年法律第百四十二号）第三条第一項の規定に基づき日本郵政公社に印紙の売りさばきに関する事務を委託することに伴い同公社に交付した印紙について、同公社から故意又は重大な過失によらない損傷として処分の申請があつたものについては、同法第三条の規定による総務大臣と各省各庁の長が協議して定めた印紙の売りさばきに関する省令の規定により、各省各庁の長が不用決定通知をした都度、別紙様式⑶により通知することができる。

ハ　前記イに掲げる一件の事故により亡失した物品の価額及び損傷した物品の減価額の合計額は、物品管理官又は分任物品管理官ごとに集計した額とする。

第二　公庫等の場合

四半期ごとにとりまとめて当該四半期経過後一月以内に通知するほか、前記第一に準じて通知するものとする。

（別紙）

様式(1)

イ　表紙

（記号）第　　　号
平成　年　月　日

財務大臣あて

各省各庁の長　印

物品亡失（損傷）通知書

別紙記載のとおり物品を亡失（損傷）したので、物品管理法第三十二条の規定により通知する。

ロ　書　式

庁　　名

物品管理官の官職氏名及びその命免年月日

物品管理職員の官職氏名	亡失（損傷）年月日	分類細分類品目	数量	価額	亡失（損傷）理由	亡失（損傷）発見後の処置状況	亡失（損傷）当時における物品管理職員の管理状況	物品管理職員または物品使用職員に対する弁償命令の有無およびその理由	損害補てんの状況	備考
				円						
合計										

参考　1　用紙の寸法は、A列４番（日本工業規格）とする。
2　価格は、亡失した物品の価額または物品の損傷による減価額とし、いずれも時価によるものとする。
3　「損害補てんの状況」欄には、弁償金額および弁償者を明らかにすること。
4　四半期ごとにとりまとめて通知する場合には、当該四半期の別を表紙に記載すること。

（別紙）

様式(2)

イ　表紙

略（様式(1)のイに同じ。）

ロ　書式

庁名

物品管理官の官職氏名及びその命免年月日

物品管理職員の官職氏名	事故の別	価額	弁償命令金額（うち弁償済額）	備考
		円	円	

参考

1　用紙の寸法は、A列４番（日本工業規格）とする。

2　「事故の別」欄には、本文２の(1)から(4)までの事故の別を(1)、(2)……の表示により記載すること。

3　「価額」欄には、亡失した物品の価額または物品の損傷による減価額とし、いずれも時価によるものとする。

4　弁償命令に基づく弁償済額以外の損傷補てん額がある場合には備考欄に付記すること。

5　四半期ごとにとりまとめて通知する場合には、当該四半期の別を表紙に記載するとともに、物品管理官（分任物品管理官を含む。）ごとの事故の件数を備考欄に付記し、件数及び金額の計を付すること。

（別紙）
様式(3)
イ　表紙

（記号）　第　　　　　号
平成　　年　　月　　日

財務大臣あて

各省各庁の長　印

印紙損傷通知書

別紙記載のとおり印紙を損傷したので、物品管理法第三十二条の規定により通知する。

ロ　書式

物品管理官の官職氏名

損傷の場所	種別	数量	価額	備考
			円	

参考　1　用紙の寸法は、A列4番（日本工業規格）とする。
2　1件の事故ごとに記載すること。
3　「種別」欄には、損傷した印紙の種別を記載すること。
4　「価額」欄には、損傷した印紙の調整価額を記載すること。
5　「備考」欄には、損傷の原因及びその他の特記事項を記載すること。

○物品管理及び物品調達業務の抜本的効率化について

（平成二一年一月一六日　各府省情報化統括責任者（ＣＩＯ）連絡会議決定）

ＩＴを活用した物品管理及び物品調達業務の抜本的効率化については、別紙「物品管理業務の効率化について」（平成二十一年一月十六日各府省等申合せ）、「単価契約による一括調達の運用ルール」（平成二十一年一月十六日各府省等申合せ）に基づいて実施するものとする。

各府省においては、上記の各申合せに基づき、当面、現在紙で管理している法定帳簿の電子化を早期に進めるなど物品管理業務の効率化に取り組むこと、また、物品調達業務については、平成二十一年度より、消耗品等の一括調達を実施することとする。

○（別紙）物品管理業務の効率化について（抄）

（平成二一年一月一六日　各府省等申合せ）

官民合同実務家タスクフォース・起草作業グループ（物品管理）による検討の結果、下記について統一して取り扱うことを各府省等の申合せ事項とする。

●帳簿登記を不要とする消耗品について

物品管理法施行令第四十二条ただし書きに規定する「財務大臣が指定する場合」として、従前よりその対象を「取得後比較的すみやかに供用することを通例とする生鮮食料品、修繕用部品、薬品、新聞その他の定期刊行物等の物品で保存を目的としないもの」とされてきたところである。

調査の結果、帳簿登記を不要とする消耗品として上記に明示されたものと同様の性格を有するものとして適用されている消耗品の対象範囲が、各府省等により格差が見受けられたこと、及び新たに物品管理事務見直しの一環として、基本的に各府省等において在庫を持たない方針を打ち出したこと等を踏まえ、帳簿登記を不要とする消耗品の対象を、下記の要領により統一して取り扱うこととする。

統一基準

(1)　「帳簿登記を不要とする消耗品」の範囲については、取得後比較的短期間（概ね一年以内）に消耗することを予定する物品であって、次のいずれかの性格を有していると認められるものとする。

・減数消耗（一定の数を購入したものが使用のたびに減少）するもの

・減価消耗（数量は減らずにそのものが劣化していく）

するもので、概ね一年を超えて反復使用に耐えないもの

(2) (1)の基準にかかわらず、一個又は一組の取得価格が五万円以上のもの、金券類（切手、ＩＣカード乗車券、回数券、旅行券等）及び国の借入れ又は保管に係るものは対象外とする。

[備　考]

① 上記の統一基準にかかわらず適用の有無が明らかでない場合には、各府省等の物品管理官の判断により適切に処理するものとする。

② 各府省等の物品管理官が、上記の統一基準によることが適当でないと判断される場合は、当該基準によらないことができる。

③ この申合せ事項適用の日以前に帳簿登記されたものは、なお従前の基準によることができるものとする。

※「帳簿登記を不要とする消耗品」の例

・配付を目的とする物品
・印刷物
・研修用教材
・交際費で購入する物品
・会議等に供する飲食物
・「単価契約による一括調達の運用ルール」における単価契約の対象とする消耗品 等

○会計検査院法第二十七条の規定による会計検査院に対する報告及び会計法第四十二条等の規定による会計検査院に対する通知について

（平成一九年一二月一〇日一九〇普第三四九号
会計検査院長から各省各庁の長あて）

会計検査院法（昭和二十二年法律第七十三号）第二十七条の規定による会計検査院に対する報告及び会計法（昭和二十二年法律第三十五号）第四十二条（同法第四十五条及び第四十八条第二項において準用する場合を含む。）、物品管理法（昭和三十一年法律第百十三号）第三十二条又は予算執行職員等の責任に関する法律（昭和二十五年法律第百七十二号）第四条第四項（特別調達資金設置令（昭和二十六年政令第二百五号）第八条及び国税収納金整理資金に関する法律（昭和二十九年法律第三十六号）第十七条において適用する場合を含む。）の規定による会計検査院に対する通知については、平成二十年一月一日以降の分から、下記により処理されたい。

なお、「会計法第四十二条等の規定による会計検査院に対する通知又は報告について」（平成六年六月三十日付け六〇普第二五三八号）は、平成十九年十二月三十一日をもって廃止する。

記

第一　会計検査院法第二十七条の規定による報告

1　会計に関係のある犯罪が発覚したときは、次の事項を記載した報告書により、直ちに報告するものとする。ただし、会計に関係のある犯罪であって、かつ、現金、有価証券その他の財産の亡失又は第四にも該当するものが発覚したときは、それぞれ第二、第三又は第四に準じた事項を記載した報告書により、直ちに報告するものとする。

(1)　官署名
(2)　被疑者の氏名（被疑者が公務員である場合には、その官職並びに監督責任者の官職、氏名及び監督期間を併記すること。）
(3)　被疑事件発生の日時及び場所
(4)　被疑事実の詳細
(5)　被疑事実発覚の端緒
(6)　被疑事実発覚後の処置
(7)　被疑者に対する刑事訴訟及び民事訴訟の進行状況
(8)　関係者に対する懲戒処分等の状況（被処分者の氏名、処分年月日、処分の内容等）
(9)　その他参考事項

2　現金、有価証券その他の財産の亡失を発見したときは、第二又は第三に準じた事項を記載した報告書により、直ちに報告するものとする。

3　会計検査院法第二十三条第一項第三号の規定により本院の検査を受けるものの会計経理に関して、会計に関係のある犯罪が発覚したとき又は現金、有価証券その他の財産の亡失を発見したときは、上記1又は2と同様に報告するものとする。

第二　会計法第四十二条の規定による現金の亡失の通知

出納官吏（出納員及び会計法第四十八条第一項の規定により現金の出納保管の事務を取り扱う都道府県の職員を含む。以下同じ。）がその保管する現金を亡失したときは、次の事項を記載した通知書により、その都度通知するものとする。

(1)　官署名
(2)　出納官吏の官職、氏名及び命免年月日
(3)　監督責任者の官職、氏名及び監督期間
(4)　亡失の日時及び場所
(5)　亡失した現金の額
(6)　亡失の原因となった事実の詳細
(7)　平素における保管状況の詳細
(8)　亡失の事実発見の端緒
(9)　亡失の事実発見後の処置
(10)　出納官吏に対して弁償命令を発したときは、その年月日及び金額、出納官吏の当該弁償命令に対する不服の有

無並びに予算決算及び会計令（昭和二十二年勅令第百六十五号）第百十五条第一項の規定により検定を求める意思の有無

⑾　国が被った損害の補てん状況（補てん年月日及び金額、補てん者並びに弁償命令との関係）及び損害の全部又は一部が補てんされていない場合は将来の補てん見込み

⑿　亡失による損害につき損害賠償請求の訴えを提起したときは、その年月日及び訴訟の進行状況

裁判上の和解その他国の債権の確保の処置を執ったときは、その処置状況

⒀　亡失に関連して公訴が提起されたときは、その年月日及び訴訟の進行状況

⒁　出納官吏その他関係者に対する懲戒処分等の状況（被処分者の氏名、処分年月日、処分の内容等）

⒂　その他参考事項

第三　物品管理法第三十二条の規定による物品の亡失、損傷等の通知

1　物品管理職員がその管理する物品を亡失し、若しくは損傷したとき（2に該当するものを除く。）、又は物品管理法の規定に違反して物品の管理行為をしたこと若しくは同法の規定に従った物品の管理行為をしなかったことにより国に損害を与えたと認めるときは、次の事項を記載した通知書により、その都度通知するものとする。

⑴　官署名

⑵　物品管理職員の官職、氏名及び命免年月日

物品管理職員が補助者である場合には、その所属する物品管理職員の官職、氏名及び命免年月日並びに当該補助事務の内容を併記すること。

⑶　監督責任者の官職、氏名及び監督期間

⑷　亡失、損傷等の日時及び場所

⑸　亡失、損傷等をした物品の分類、細分類、品目、数量、価額（亡失又は損傷の場合には、亡失した物品の価額又は損傷による物品の減価額若しくは修繕に要した費用の額、その他の場合には、当該物品の管理行為に関し国に与えたと認められる損害の見積り額とし、いずれも時価によるものとする。）

⑹　亡失、損傷等の原因となった事実の詳細

⑺　平素における物品管理職員の管理状況の詳細

⑻　亡失、損傷等の事実発見の端緒

⑼　亡失、損傷等の事実発見後の処置

⑽　物品管理職員に対して弁償命令を発したときは、その年月日及び金額、物品管理職員の当該弁償命令に対する不服の有無並びに物品管理法施行令（昭和三十一年政令第三百三十九号）第三十九条第一項の規定により検定を求める意思の有無

⑾　国が被った損害の補てん状況（補てん年月日及び金

額、補てん者並びに弁償命令との関係）及び損害の全部又は一部が補てんされていない場合は将来の補てん見込み

(12) 亡失、損傷等による損害につき損害賠償請求の訴えを提起したときは、その年月日及び訴訟の進行状況
裁判上の和解その他国の債権の確保の処置を執ったときは、その処置状況

(13) 亡失、損傷等に関連して公訴が提起されたときは、その年月日及び訴訟の進行状況

(14) 物品管理職員その他関係者に対する懲戒処分等の状況（被処分者の氏名、処分年月日、処分の内容等）

(15) その他参考事項

2 物品管理職員がその管理する物品を亡失し、又は損傷した場合において、次のいずれかに該当するもので、一件の事故により生じた物品の亡失及び損傷の合計額（物品管理職員ごとに集計した額）が五十万円以上のものについては、別紙様式(1)により、五十万円未満のものについては、別紙様式(2)により、その都度通知するものとする。ただし、(4)に該当するものについては、四半期ごとに取りまとめて通知することができる。

(1) 天災、火災又は海難により、物品を亡失し、又は損傷したとき。

(2) 倉庫業者に寄託した物品を亡失し、又は損傷したとき。

(3) 運送業者に引き渡した物品を亡失し、又は損傷したとき。

(4) 供用中の物品（供用のため保管中のもの及び(1)に該当するものを除く。）を亡失し、又は損傷したとき。

第四 予算執行職員等の責任に関する法律第四条第四項の規定による通知

1 予算執行職員が予算執行職員等の責任に関する法律第三条第一項の規定に違反して支出等の行為をした事実があると認めるときは、次の事項を記載した通知書により、その都度通知するものとする。

(1) 官署名

(2) 予算執行職員の官職、氏名及び命免年月日並びにその職務範囲（上司（予算執行職員等の責任に関する法律第八条第二項の規定により予算執行職員の弁償責任が転嫁される職員をいう。以下同じ。）が責任を負うべきものと認めるときは、当該上司についても併記すること。）

(3) 監督責任者の官職、氏名及び監督期間

(4) 予算執行職員等の責任に関する法律第三条第一項の規定に違反して支出等の行為をした年月日

(5) 当該支出等の行為の結果、国に損害を与えたと認めるときは、損害額及びその算定の基礎

(6) 当該支出等の行為の具体的内容（違反したと認めた法令又は予算の内容を併記すること。）

(7) 当該支出等の行為の発見の端緒

(8) 予算執行職員又は上司に対して弁償命令を発したときは、その年月日及び金額並びに予算執行職員又は上司の当該弁償命令に対する不服の有無

(9) 国が被った損害の補てんの状況（補てん年月日及び金額、補てん者並びに弁償命令との関係）及び損害の全部又は一部が補てんされていない場合は将来の補てん見込み

(10) 当該支出等の行為による損害につき損害賠償請求の訴えを提起したときは、その年月日及び訴訟の進行状況

裁判上の和解その他国の債権の確保の処置を執ったときは、その処置状況

(11) 当該支出等の行為に関連して公訴が提起されたときは、その年月日及び訴訟の進行状況

(12) 予算執行職員又は上司その他関係者に対する懲戒処分等の状況（被処分者の氏名、処分年月日、処分の内容等）

(13) その他参考事項

2 特別調達資金設置令第八条又は国税収納金整理資金に関する法律第十七条の規定により予算執行職員等の責任に関する法律の適用を受ける職員が同法第三条第一項の規定に違反して特別調達資金設置令第八条又は国税収納金整理資金に関する法律第十七条の規定により支出等の行為とみなされる行為をした事実があると認めるときは、1に準じて通知するものとする。

（別紙）
様式(1)（第三―2関係）
ア表紙

（記号）第　　　　号
年　　月　　日

会計検査院長あて

各省各庁の長　印

物品亡失（損傷）通知書

別紙記載のとおり物品を亡失（損傷）したので、物品管理法第32条の規定により通知する。

イ　書　式

官署名

物品管理官の官職、氏名及びその命免年月日

物品管理職員の官職、氏名	亡失（損傷）年月日	分類細分類品目	数量	価額	亡失（損傷）理由	亡失（損傷）発見後の処置状況	亡失（損傷）当時における物品管理職員の管理状況	物品管理職員又は物品使用職員に対する弁償命令の有無及びその理由	損害補てんの状況	備考
				円						
合計										

参考　1　用紙の寸法は、日本産業規格A列４とする。
　　　2　「価額」欄の価額は、亡失した物品の価額又は物品の損傷による減価額若しくは修繕に要した費用の額とし、いずれも時価によるものとする。
　　　3　「損害補てんの状況」欄には、補てん金額及び補てん者を明らかにすること。
　　　4　四半期ごとに取りまとめて通知する場合には、当該四半期の別を表紙に記載すること。

（別　紙）

様 式(2)（第三一2関係）

ア 表 紙

（記　号）第　　　号

年　　月　　日

会計検査院長　　あて

各省各庁の長　印

物 品 亡 失（損 傷）通 知 書

別紙記載のとおり物品を亡失（損傷）したので、物品管理法第32条の規定により通知する。

イ 書 式

官署名

物品管理官の官職、氏名及びその命免年月日

物品管理職員の官職、氏名	事故の別	価　　額	弁償命令金額（うち弁償済額）	備　　考
		円	円	

参考　1　用紙の寸法は、日本産業規格A列4とする。

2　「事故の別」欄には、本文2の(1)から(4)までの事故の別を(1)、(2)、(3)、(4)の表示により記載すること。

3　「価額」欄の価額は、亡失した物品の価額又は物品の損傷による減価額若しくは修繕に要した費用の額とし、いずれも時価によるものとする。

4　弁償命令に基づく弁償済額以外の損害補てん額がある場合には「備考」欄に付記すること。

5　四半期ごとに取りまとめて通知する場合には、当該四半期の別を表紙に記載するとともに、物品管理官（分任物品管理官を含む。）ごとの事故の件数を「備考」欄に付記し、件数及び金額の計を付すること。

大蔵財務協会は、財務・税務行政の改良、発達およびこれらに関する知識の啓蒙普及を目的とする公益法人として、昭和十一年に発足しました。爾来、ひろく読者の皆様からのご支持をいただいて、出版事業の充実に努めてきたところであります。

今日、国の財政や税務行政は、私たちの日々のくらしと密接に関連しており、そのため多種多様な施策の情報をできる限り速く、広く、正確にかつ分かり易く国民の皆様にお伝えすることの必要性、重要性はますます大きくなっております。

このような状況のもとで、当協会は現在、「税のしるべ」（週刊）、「国税速報」（週刊）の定期刊行物をはじめ、各種書籍の刊行を通じて、財政や税務行政についての情報の伝達と知識の普及につとめております。また、日本の将来を担う児童・生徒を対象とした租税教育活動にも、力を注いでいるところであります。

今後とも、国民・納税者の方々のニーズを的確に把握し、より質の高い情報を提供するとともに、各種の活動を通じてその使命を果たしてまいりたいと考えておりますので、ご叱正・ご指導を賜りますよう、宜しくお願い申し上げます。

一般財団法人　大蔵財務協会

理事長　木村　幸俊

物品管理法講義

令和２年７月29日　初版印刷
令和２年８月13日　初版発行

編　者　前田　努

（一財）大蔵財務協会　理事長
発行者　木村幸俊

発行所　一般財団法人　大蔵財務協会

〔郵便番号 130-8585〕
東京都墨田区東駒形１丁目14番１号
（販売部）TEL 03(3829)4141・FAX 03(3829)4001
（出版編集部）TEL 03(3829)4142・FAX 03(3829)4005
URL　http://www.zaikyo.or.jp

落丁・乱丁はお取替えいたします。　　印刷　三松堂(株)
ISBN 978-4-7547-2784-0